금융인을 위한
보고서 쓰기

기본편

금융인을 위한
보고서 쓰기

임경 지음

생각비행

머리말

연애를 글로 배우고 수영을 교과서로 익히기

1. 달을 가리키기 위한 수단

달을 찾은 뒤에는 손가락을 잊어야 합니다 見月忘指. 그러나 손가락은 달을 찾기 위한 좋은 방편이 됩니다. 손가락이 가리키는 방향을 따라가면 달이 보입니다. 초승달 또는 보름달을 알지 못한다면 달에 대한 글쓰기도 없습니다. 이 책은 달을 가리키는 손가락에 대한 이야기입니다.

2. 생각을 정리하는 과정

글을 쓰는 과정은 생각을 정리하는 과정입니다. 생각과 글은 서로 영향을 주고받으며 정리되어 나갑니다. 체계적으로 생각할 때 체계적인 글도 쓸 수 있습니다. 하지만 생각은 쉽게 정리되지 않습니다. 형식을 익힘으로써 생각을 떠올리고 정리해낼 수는 없을까요? 이 책은 체계적 글쓰기를 위한 사고방식을 제시합니다.

3. 실전을 위한 훈련

'연애를 글로 배우고 수영을 교과서로 익히기'란 불가능한 일입니다. 연애를 하려면 먼저 상대를 찾아야 하고, 수영을 하려면 먼저 물속에 들어가야 하지요. 마찬가지로 글쓰기의 기본 개념을 익힌 뒤에는 바로 훈련에 돌입하려는 결심이 필요합니다. 연애 지침서를 따르지 않아도 마음이 통할 수 있고, 힘을 빼면 사람은 물에 뜨게 되어 있습니다. 이 책은 실전 훈련을 위한 연습 문제를 제시합니다.

4. 기준의 적용

"아는 것이 힘이다"와 "모르는 것이 약이다"가 병존할 수 있고 "쇠뿔도 단김에 빼라"와 "돌다리도 두드려보고 건너라"라는 말이 같이 설 수 있듯이 글쓰기에도 상충하는 개념이 있습니다. 그런데 "간결하게 써라"와 "유려하게 써라"라는 충고를 동시에 받았다면 도대체 어떻게 하라는 말일까요? 이러한 기준들은 컴퓨터 앞에 앉아 글쓰기에 돌입했을 때 적잖은 혼란을 주기 마련입니다. 이 책은 갈등에 빠지게 되는 '기준'을 적용하는 방식을 제시합니다.

5. 구성

제1장 '준비 운동'에서는 본격 논의에 앞서 몇 가지 연습 문제를

통해 몸을 풀어봅니다. 일단 허우적거리며 온몸으로 수영장 물을 느껴보는 과정입니다. 이를 통해 글쓰기에 대한 기준을 알아야 하지만 알고 난 뒤에는 그것을 버려야 한다는 점을 강조합니다.

제2장 '형식을 위한 수학'에서는 글쓰기를 위한 사고 체계를 생각해봅니다. 수학을 '계산'이 아닌 '논리'라고 정의한다면 집합·인수분해·차원·대응관계 등을 글쓰기와 어떻게 연결시킬 수 있는지 정리해봅니다.

제3장 '생각의 틀'에서는 내용과 주제 그리고 글쓰기 접근법에 대해 살펴봅니다. 글쓰기의 형식도 중요하지만 내용의 중요성을 넘어설 수는 없습니다. 아울러 형식을 넘어서 내용을 도출하는 방식을 정리해봅니다.

제4장 '작성 기준'에서는 보고서를 작성하기 위한 준비 과정과 단어, 문장, 체계 등을 단계별로 알아보고, 금융·경제 글쓰기에 긴요한 개조식 표현 방법과 표, 그림 등 시각적 표현에 대해 알아봅니다.

제5장 '수정 연습'에서는 제시된 보고서의 문제점을 찾아보고 고치는 연습을 해봅니다. 이러한 과정을 통해 '아! 이렇게 쓰면 곤란하구나!' 하는 깨달음을 얻을 수 있겠지요. 스스로 글을 써보고 자신의 글을 고쳐보는 최종적인 작업의 전 단계입니다.

제6장 '작성 연습'에서는 직접 글을 써보는 연습을 해봅니다. 주어진 정보를 바탕으로 스스로 글을 써본 후 제시된 모범 답안과 비

교해 보면서 고쳐나가는 작업을 해봅니다. 스스로의 피드백feedback이라고 할 수 있습니다.

제7장 '점검과 보고'에서는 보고서 작성 못지않게 중요하다고 할 수 있는 보고서를 보고하는 과정을 살펴봅니다. 조직 생활을 해보면 보고서는 보고를 위한 수단이라는 사실을 알 수 있습니다.

제8장 '생각 정리'에서는 지금까지 이야기했던 바를 정리해봅니다. 글쓰기를 잘하려면 많이 읽고 많이 생각하고 많이 써봐야 한다는 옛말은 금융·경제에 대한 글쓰기에서도 마찬가지입니다. 그러므로 이 책은 결국 다독多讀, 다상량多商量, 다작多作의 교훈에 대한 각주일 뿐입니다.

부록으로 원고 작성에 필요한 자료들을 추가했습니다. 각자가 글을 쓰거나 여러 사람이 글을 쓴 뒤 합칠 때 작성 기준을 사전에 마련해놓을 필요가 있습니다.

6. 읽는 순서

책을 구성하는 과정에서 몇 가지 고민이 있었는데, 그중 하나는 '기준'을 제시한 뒤 '연습 문제'를 다룰 것인가 아니면 '훈련'을 통해 '기준'을 세울 것인가 하는 문제였습니다. '기준'부터 제시하면 진부하게 느껴질 수도 있지만, 최소한의 기준 제시마저 없다면 제대로 된 '훈련'이 가능할는지 우려되었습니다. '기준'과 '훈련'은 유기적 판계입니다. 그러므로 글쓰기에 대한 다소의 이해가 있는 독자라면 제4장 '작성 기준'을 건너뛰고 제5장과 제6장의 '연습 문제'를 먼저 풀어본 뒤 제4장으로 돌아가 '기준'을 정리해보는 방식도 좋습니다.

7. 자료

연습 문제를 만들면서 한국은행 대외 발표 보고서와 보도자료 등을 인용했습니다. 다만 오류 정정 문제를 만들기 위해 일부러 내용을 비틀고 잘못된 문장을 추가하기도 하는 과정에서 인용 자료의 출전은 생략했습니다.

8. 기본

첫술에 배부를 수 없듯 이 책 한 권으로 '보고서 작성의 달인'이 될 수는 없겠지요. 우선 기초적인 수준을 이야기하였습니다. 〈기본편〉에 대한 호응이 있다면, 다양한 사례를 중심으로 좀 더 높은 수준의 〈심화편〉을 준비할 계획입니다.

9. 감사의 말

원고를 쓰는 과정에서 많은 분의 의견을 듣고 도움을 받았습니다. 또한 한국은행 차·과장 및 조사역과 대학생들을 대상으로 '금융·경제 글쓰기 강의'를 진행하면서 주고받은 질문과 답변의 교훈도 많은 도움이 되었습니다. 글쓰기의 필요성에 대해 함께 이야기를 나누고 세세한 지적을 아끼지 않은 한국은행 채병득 팀장, 이지호 팀장과 하혁진 차장께 감사한 마음을 전합니다. 또한 이 책의 시발점이 된 자리를 마련해준 한국은행 경제교육실, 인재개발원과 대학 관계자들, 그리고 게으름 피우는 필자를 계속 독려해준 생각비행 출판사 조성우 대표께도 감사드립니다. 끝으로 항상 곁에서 용기를 북돋아주고 화목한 가정을 이끌어주는 사랑하는 아내와 부모님, 늘 열심히 공부하며 살아가는 두 아들 찬이와 건이에게도 평소의 쑥스러움을 이기고 고마운 마음을 전합니다.

임경

차례

머리말 연애를 글로 배우고 수영을 교과서로 익히기 _ 4

제1장 준비 운동　　12

01. 새로 조성되는 동물원 _ 13
02. 테스토스테론 _ 17
03. A에서 Z까지 _ 18

제2장 형식을 위한 수학　　24

04. 집합: 포함관계 인식 _ 25
05. 인수분해: 공통 요소 묶기 _ 28
06. 차원: 매트릭스 정리 _ 30
07. 대응: 생각 연결 _ 34

제3장 생각의 틀　　37

08. 주제와 내용 _ 38
09. 접근법 _ 42

제4장 작성 기준　　58

10. 과정: 어떤 순서로 작성하는가? _ 59
11. 준비: 자료 정리와 확인 _ 62
12. 단어: 어휘의 힘 _ 68
13. 문장: 생각의 최소 단위 _ 73
14. 체계: 구상의 설계 _ 75
15. 시각화: 보이지 않는 것들의 실상 _ 86
16. 퇴고: 밀거나 두드리거나 _ 93
17. 상충: 갈등과 적용 _ 96

| 제5장 | 수정 연습 | 103 |

18. 연습(1): 문장과 문단 _ 104
19. 연습(2): 체계와 제목 _ 124
20. 연습(3): 표와 그래프 _ 131
21. 연습(4): 종합 _ 139

| 제6장 | 작성 연습 | 154 |

22. 연습(5): 서술식 _ 155
23. 연습(6): 개조식 _ 161

| 제7장 | 점검과 보고 | 169 |

24. 점검 _ 170
25. 보고 _ 173

| 제8장 | 생각 정리 | 181 |

맺음말 다시 손가락으로 달을 가리키며 _ 184

부록 1 금융·경제 보고서 개조식 작성 지침(예) _ 188
부록 2 금융·경제 보고서 서술식 작성 지침(예) _ 191
부록 3 띄어쓰기(예) _ 199
부록 4 순화가 필요한 표현(예) _ 210

 제1장

준비 운동

헤엄치는 방법을 익히기 전에 물속에 풍덩 빠져봅시다. 글쓰기 책을 보면 이렇게 저렇게 글을 쓰라는 기준을 제시하지만, 막상 글을 쓰려면 도움이 되지 않는 경우가 많습니다. 일반적인 기준만을 제시하면 사람들이 그 내용을 모두 알고 있다고 생각하기 마련이지요. 그러나 알고 있다는 단순한 인식과 이해하여 실전에 활용할 수 있는 응용력은 다를 수밖에 없습니다. '주의하여 본다(watch)'와 '아무 생각 없이 보아도 보인다(see)'는 다릅니다. '주의하여 듣는다(listen)'와 '아무 생각 없이 들어도 들린다(hear)' 역시 다릅니다.

이 책은 연습 문제를 제시합니다. 우선 문제를 보고 질문에 대답해보세요. 하지만 현장에서는 문제가 명확하게 드러나지 않는 경우가 많습니다. 때로는 본인이 문제를 제시하고 답변을 해야 하지요. 대부분 정답은 문제 속에 숨어 있으니 문제를 꼼꼼히 읽어봅시다.

01. 새로 조성되는 동물원

01-1

◆ 최근 ○○ 놀이공원은 작은 동물원 조성을 추진하고 있다. 담당 팀장이 현재까지 들여온 동물들을 조사하여 통계표를 작성하라고 지시하였다. 조사한 결과, 들여온 동물의 현황은 다음과 같았다. 이를 표로 작성하시오.

☐ 원숭이 20, 사자 10, 호랑이 7, 코끼리 7, 독수리 5, 하마 4, 타조 3, 토끼 20, 앵무새 3, 고릴라 4, 여우 3, 너구리 10, 악어 5, 염소 12, 곰 10, 얼룩말 15

그래서 전체는?

글쓰기에 대해 알아본다고 하더니 엉뚱하게 통계표가 먼저 나오는군요. 통계표 작성은 금융·경제 보고서 작성의 기본입니다. 그러나 여기서는 표 작성 자체보다 현황을 인식하는 사고 체계에 대해 말하고자 합니다. 사고를 표로 명료하게 정리하여 보여줄 수 있다면 긴 글을 쓸 필요가 없습니다. 표는 전체를 한눈에 보여줍니다. '시각화'의 중요성이죠. 많은 사람이 다음과 같이 표를 작성합니다.

원숭이	사자	호랑이	코끼리	독수리	하마	…	얼룩말
20	10	7	7	5	4		15

조금 더 생각해본다면 통계표 위에 제목이 있어야 한다는 점을 알아차리고 '동물 현황'이라는 제목을 달겠지요. 또는 지금 진행 과정에 있다는 점을 강조해 '동물 도입 현황'이라고 제목을 정할 수도 있겠습니다.

그런데 작성을 지시한 팀장이 표를 보고 "그래서 지금까지 들여온 동물이 모두 몇 마리인가?"라고 물어본다면 어떻게 대답해야 할까요? 실무자들은 대부분 합계 또는 전체를 보지 못합니다. 왜 그럴까요? 그들의 관심은 '세어보니 원숭이가 20마리였는데, 혹시 21마리나 19마리는 아니었겠지? 틀림없어야 할 텐데' 하는 데 있습니다. 이러한 걱정 때문에 전체를 보지 못하게 됩니다.

통계표에 합계를 기록하느냐의 문제는 현황을 종합적으로 관찰할 수 있느냐의 문제입니다. 때로는 가까이, 때로는 멀리서 현황을 바라보아야 합니다. "낮게 나는 새는 세밀하게 볼 수 있지만, 높이 나는 새가 멀리 볼 수 있다"라는 말을 기억합시다.

무엇과 비교할 것인가?

좀 더 생각해봅시다. 팀장은 단순히 지금까지 들여온 동물이 몇 마리인지를 알고 싶었을까요? 작은 동물원을 조성하고 있으므로 당초 계획 대비 지금까지 동물을 얼마나 들여왔는지 반입 진도율에 관심이 있을 수 있습니다. 아니, 분명히 거기에 관심이 있을 것입니다. 그렇다면 우선 들여오기로 한 동물의 목록을 입수해야 하겠지요.

현장에서는 작업에 필요한 전제 조건이나 선결 작업을 미리 알려주지 않는 경우가 많습니다. 통계표를 다음과 같이 만들어봅시다.

동물 반입 현황

(단위: 마리)

	원숭이	사자	호랑이	코끼리	독수리	하마	…	얼룩말	계
계획(A)	20	16	16	10	10	10		30	250
실적(B)	20	10	7	7	5	4		15	138
비율(B/A,%)	100.0	62.5	43.8	70.0	50.0	40.0		50.0	55.2

위의 지적은 두 가지를 뜻합니다. 첫째, '이 표를 왜 만들려고 했을까?' 즉, 작성 목적을 알아야 한다는 점입니다. 둘째, '무엇을 나타내고자 했을까?' 즉, 비교 대상을 항상 찾아봐야 한다는 점입니다. 대부분의 일이 그렇듯 금융·경제 보고서에서 마주치는 문제는 대개 상대적입니다. '크다/작다', '많다/적다', '높다/낮다'라고 말할 때는 비교되는 기준을 찾아야 합니다. 대상은 자신의 과거일 수도 있으며 경쟁 회사일 수도 있습니다. 그래서 우리는 흔히 이렇게 말하지요. "우리 회사의 순이익률은 지난달에 비해 하락하였다." "OECD 국가 중 최상위를 기록하였다." 시간과 공간을 달리하여 비교하는 습관을 가집시다.

그룹의 형성

그런데 새로 작성된 통계표가 처음 표보다 나아졌다 할지라도 좋은 점수를 주기는 어렵습니다. 왜 그럴까요?

항목이 7~8개 이상 나열되면 기준에 따라 몇 개의 그룹으로 나누어볼 수 있습니다. 예컨대 여기서 동물을 포유류, 조류, 파충류 등으로 나눈다면 종별 반입 현황을 확인할 수 있습니다. 또는 아프리카, 남아메리카, 동남아시아 등 반입처별로 구분할 수도 있겠지요. 아니면 동물원에서 서식할 구역별로 반입 진도율을 산정할 수도 있겠네요. 당초 계획 대비 얼마나 반입되었는지를 중간에 확인하는 단계라면 반입 담당자별 기준도 좋다고 생각합니다. 누가 담당하는 부문이 원활하게 진행되고 있는지 쉽게 알 수 있기 때문입니다. 의도를 파악하려는 면밀함이 필요합니다.

아래 '동물 반입 현황(2)'는 배치 구역으로 구분한 통계표입니다. 그룹마다 소계를 작성한 점을 눈여겨봅시다. 그리고 (단위: 마리)가 (마리)로 간단하게 바뀌어 있는 점도 눈에 띕니다.

동물 반입 현황(2)

(마리)

	I	II			III				...	VII	계
	원숭이	사자	호랑이	소계	코끼리	독수리	하마	소계	...	얼룩말	
계획(A)	20	16	16	32	10	10	10	30		30	250
실적(B)	20	10	7	17	7	5	4	16		15	138
비율 (B/A,%)	100.0	62.5	43.8	53.1	70.0	50.0	40.0	53.3		50.0	55.2

02. 테스토스테론

02-1

◆ 다음 '호르몬 작용 과정'을 간단하게 표현하시오.
☐ 내 몸에 테스토스테론이 분출되기 시작한 것 같아. 나에게는 지금 도파민과 세로토닌이 끊임없이 분비되며, 뇌에서는 옥시토신이 활성화되고 있어. 이들 호르몬 농도가 높게 유지되는 현상을 수용해주겠니?

적확한 단어

지금 여러분은 '테스토스테론'과 '도파민'을 상대로 싸우면서 머리에 쥐가 나기 시작할 것입니다. 이 문장을 어떻게 간단하게 정리할 수 있을까요? 한 발짝 떨어져 글을 보면 쉽게 알 수 있죠. "사랑에 빠졌어요!" 아닙니다. "내 사랑을 받아주겠니?" 맞습니다. 어떤 학생은 더 간단히 정리하더군요. "사귀자!" 어쨌든 연애 과정에서 이런 식으로 구애를 하다가는 이상한 사람으로 취급받기 십상이겠지요. 많은 단어와 문자보다 '사랑'이란 한마디 단어가 가지는 적확함! 일물일어설一物一語說을 굳이 주장하지 않더라도 상황을 정확하고 쉽게 표현하는 강력한 단어는 존재합니다.

다른 예로 '예금한 돈이 은행으로 들어와 대출로 나가고, 이 돈이 다시 은행으로 들어와 또다시 대출로 나가는 과정을 밟아 점점 늘어난 돈'이라고 쓴 문장이 있다고 합시다. 간단히 말하면 '통화량'이지요. 적확한 단어를 쓰지 않으면 설명이 길어지면서 논의의 중심에 집중할 수 없습니다.

03. A에서 Z까지

다음의 '보고서 작성 시 유의점'이라는 글을 읽어봅시다. A부터 Z까지의 내용 중 크게 잘못되었다고 할 사항은 없습니다. 그러므로 이를 읽어보면서 글 쓸 때 유의할 점을 공부할 수 있습니다.

그러나 제시된 자료에 문제가 있어 수정하거나 재배치하려면 어떻게 해야 할까요? 내용과 형식 모두에 중점을 두고 A에서 Z까지 다시 읽어봅시다.

03-1

◆ 제시된 자료를 보고 '보고서 작성 시 유의점'을 정리하시오.

A. 이슈를 정확히 추출하라.
B. 전하고자 하는 메시지를 분명히 하라.
C. 독자가 누구인지 잘 생각하라.
D. 준비 과정이 끝났으면 주저 없이 쓰기 시작하라.
E. 1차 초안에 있는 내용을 도려내는 것을 두려워하지 마라.
F. 재작성은 글쓰기의 가장 중요한 과정이다.
G. 처음에 생각했던 결론을 바꾸는 것을 두려워하지 마라.
H. 보고서의 최종 검토 단계에서는 필자의 입장에서 독자의 입장으로

전환하라.
I. 독자는 바쁘고 급하고 회의적이며 꼼꼼하다.
J. 각종 오탈자, 맞춤법, 구두점 등을 점검하라.
K. 한 문장에 두 개의 메시지를 담지 마라.
L. 한 문장이 절대 세 줄을 넘지 않도록 하라.
M. 고등학생이 이해할 수 있도록 써라.
N. 정확한 용어를 사용하라.
O. 중요하지 않은 수식어는 과감히 없애라.
P. 주어, 동사, 목적어를 명확히 하라.
Q. 가급적 피동형보다는 능동형을 사용하라.
R. 보기 좋은 떡이 먹기도 좋다.
S. 표, 그래프, 그림, 문장부호를 적절히 활용하라.
T. 문서에 날짜와 페이지를 반드시 표기하라.
U. 독자의 입장에서 작성하라.
V. 보고서 서두에 어떤 이유에서 이 보고서를 작성했는지 밝혀라.
W. 어떤 주장을 할 경우 반드시 구체적 이유, 관련 이론, 통계, 판례 등을 들어 당신의 주장이 옳다는 것을 입증하라.
X. 다양한 관점을 반영하여 분석적, 종합적으로 작성하라.
Y. 대안을 모두 제시하고 각 대안의 장단점, 기대효과, 문제점을 철저히 분석하라.
Z. 당신이 주장하는 결론을 분명하게 명시하라.

그룹 짓기

위 보고서를 읽어보면, 우선 여러 사항이 병렬로 나열되었다는 느낌을 줍니다. 나열은 체계적 글쓰기의 가장 강력한 적입니다. 앞서 '새로 조성되는 동물원'에서 말했던 그룹 짓기grouping가 필요합니다.

우선 'A. 이슈를 정확히 추출하라', 'B. 전하고자 하는 메시지를 분명히 하라' 같은 말들은 무슨 메시지를 전달할까요? 다음으로 'C. 독자가 누구인지 잘 생각하라'와 'I. 독자는 바쁘고 급하고 회의적이며 꼼꼼하다'에는 어떤 차이가 있을까요? 또 'H. 보고서의 최종 검토 단계에서는 필자의 입장에서 독자의 입장으로 전환하라'와 'U. 독자의 입장에서 작성하라'를 읽어보면 초기 단계에서도 독자의 입장으로 쓰라는 말인지 최종 검토 단계에서만 독자의 입장으로 쓰라는 말인지 헷갈립니다. 'J. 각종 오탈자, 맞춤법, 구두점 등을 점검하라'와 'S. 표, 그래프, 그림, 문장부호를 적절히 활용하라'에 나오는 '맞춤법, 구두점'과 '문장부호'는 어떻게 다른지 알 수 없군요. 'F. 재작성은 글쓰기의 가장 중요한 과정이다'가 맞는 말이라면 재작성이란 여러 번 반복되기 마련인데 'E. 1차 초안에 있는 내용을 도려내는 것을 두려워하지 마라'에서 '1차'로 한정하고 있는 이유는 무엇인지 알 수 없습니다. 그 밖에도 비판할 점이 많습니다. '비교'는 비판에 도움을 주는 강력한 무기가 됩니다.

각 그룹의 이름 짓기

반복하여 읽다 보면 전체를 몇 개의 공통 요소를 중심으로 분류해야겠다는 생각이 듭니다. 두 번째 단계로 그룹별 특징을 부여해 봅시다. '이슈와 메시지의 전달', '메시지를 전하고자 하는 대상의 관점', '단계별 주의점', '명확화와 간결화 등 형식의 정비', '내용의 충실화'라는 제목을 붙여보았습니다. 이제 전체 모습을 볼 수 있습니다.

보고서 작성 시 유의점

Ⅰ. 이슈와 메시지의 전달

A. 이슈를 정확히 추출하라.
B. 전하고자 하는 메시지를 분명히 하라.
K. 한 문장에 두 개의 메시지를 담지 마라.

Ⅱ. 메시지를 전하고자 하는 대상의 관점

C. 독자가 누구인지 잘 생각하라.
I. 독자는 바쁘고 급하고 회의적이며 꼼꼼하다.
H. 보고서의 최종 검토 단계에서는 필자의 입장에서 독자의 입장으로 전환하라.
U. 독자의 입장에서 작성하라.
M. 고등학생이 이해할 수 있도록 써라.

Ⅲ. 단계별 주의점

D. 준비 과정이 끝났으면 주저 없이 쓰기 시작하라.
E. 1차 초안에 있는 내용을 도려내는 것을 두려워하지 마라.
F. 재작성은 글쓰기의 가장 중요한 과정이다.
G. 처음에 생각했던 결론을 바꾸는 것을 두려워하지 마라.
V. 보고서 서두에 어떤 이유에서 이 보고서를 작성했는지 밝혀라.
Z. 당신이 주장하는 결론을 분명하게 명시하라.

Ⅳ. 명확화와 간결화 등 형식의 정비

J. 각종 오딜자, 맞춤법, 구두점 등을 점검하라.

> L. 한 문장이 절대 세 줄을 넘지 않도록 하라.
> N. 정확한 용어를 사용하라.
> O. 중요하지 않은 수식어는 과감히 없애라.
> P. 주어, 동사, 목적어를 명확히 하라.
> Q. 가급적 피동형보다는 능동형을 사용하라.
> R. 보기 좋은 떡이 먹기도 좋다
> S. 표, 그래프, 그림, 문장부호를 적절히 활용하라.
> T. 문서에 날짜와 페이지를 반드시 표기하라.
>
> Ⅴ. 내용의 충실화
>
> W. 어떤 주장을 할 경우 반드시 구체적 이유, 관련 이론, 통계, 판례 등을 들어 당신의 주장이 옳다는 것을 입증하라.
> X. 다양한 관점을 반영하여 분석적, 종합적으로 작성하라.
> Y. 대안을 모두 제시하고 각 대안의 장단점, 기대효과, 문제점을 철저히 분석하라.

그룹별 이해를 통해 전체를 파악

A에서 Z까지 26개 항목으로 나열되었을 때는 보이지 않던 전체 그림이 5개의 그룹을 이루어 제 특성을 나타내면 비로소 전체가 보이기 시작합니다. 26개를 한꺼번에 인식하기는 어렵지만 5개는 상대적으로 손쉽게 이해할 수 있으니까요. '체계적 사고'의 시작입니다. 체계적 사고는 '이제부터 체계적으로 사고해야지!' 하고 결심한다고 이루어지지 않습니다. 형식과 절차를 통해 생각이 만들어집니다.

이제 정리된 5개의 그룹을 통해 '보고서 작성 시 유의점'이 과연 전체를 포괄하고 있는지 살펴볼 수 있는데, 위의 유의점은 '자료 수집', '보고서 체계 구성' 등 많은 부분을 빠뜨리고 있음을 알 수 있습니다. 따라서 5개 그룹에 포함되지 않고 누락된 그룹이 무엇이 있을까 찾아서 추가해야 합니다.

그룹 내 항목 점검

다음 단계로, 정리된 각각의 그룹에 속한 A~Z의 일부가 서로 중복되거나 상충하지 않는지 그리고 각 그룹 아래 들어갈 다른 요소는 없는지 생각해봅시다. 가장 쉬운 예는 그룹 IV에 'J. 각종 오탈자, 맞춤법, 구두점 등을 점검하라'와 'S. 표, 그래프, 그림, 문장부호를 적절히 활용하라'의 일부가 중복된 점입니다. 이 밖에도 찾아보면 얼마든지 발견할 수 있습니다.

그룹 짓기의 습관

이제 정리되지 않았던 많은 문제점이 그룹별 분류를 통해 드러난다는 사실을 알게 되었습니다. 보고서의 내용이 병렬로 나열되어 있으면 읽는 사람의 생각이 정리되지 않습니다. 공통 요소를 중심으로 그룹을 만드는 작업은 보고서 체계를 정비하는 데 매우 중요한 역할을 합니다. '자, 이제 그룹을 지어볼까?'가 아닙니다. 어떤 현상과 사물을 바라볼 때 이미 '그룹 짓기'가 습관이 되어 있어야 합니다.

 제2장

형식을 위한 수학

이제 풍덩 빠졌던 수영장에서 나와 몇 가지 수학 개념과 기준을 알아봅시다. 집합, 인수분해, 차원, 대응 등 간단한 수학 개념은 글쓰기에도 긴요합니다.

  금융·경제 보고서 내용에는 여러 가지 수학과 통계 그리고 계량 분석 등이 포함되지만, 여기서는 '보고서의 형식을 위한 수학 개념'에 대해 이야기하고자 합니다. "수학은 계산이 아니라 논리적 사고"라는 학창 시절 수학 선생님 말씀이 생각납니다. 글쓰기 형식을 위해 어려운 수학 문제를 푸는 기법이 필요하지는 않습니다. 기본 개념을 되새겨봅시다.

04. 집합: 포함관계 인식

집합을 '어떤 조건에 따라 결정되는 요소의 모임'이라고 정의해봅시다. 보통 a가 집합 A의 원소일 때 'a는 집합 A에 속한다' 또는 'A가 a를 포함한다'라고 합니다. 돌이켜보니 전체집합, 부분집합, 합집합, 교집합 등의 용어뿐 아니라 교환법칙, 결합법칙, 분배법칙도 떠오릅니다. 글쓰기에 등장하는 단어들은 집합 개념으로 인식해야 합니다.

앞에서 설명한 그룹 짓기도 집합의 일종입니다. 그런데도 집합을 살펴보는 이유는 '그룹 짓기'를 넘어서 그룹 간의 관계를 명확하게 하기 위함입니다.

04-1

◆ '우리나라 금융기관 현황' 보고서의 차례를 수정하시오.

〈차례〉
1. 중앙은행   2. 지방은행   3. 비통화금융기관
4. 자산운용사 5. 증권사   6. 보험회사

집합을 위한 지식과 정보

위의 문제에 답하기 위해서는 우선 우리나라 금융기관을 업무 성격과 범위에 따라 구분할 수 있는 기본 지식이 있어야 합니다. 위 문

제를 조금 쉬운 문제로 바꾸어볼까요?

> **04-2**
>
> ◆ 중학교에 다니는 홍길동은 동물원을 단체 관람한 후 다음과 같이 일기에 썼다. 적절하게 수정하시오.
> ☐ 동물원에 가서 호랑이, 사자, 얼룩말, 원숭이 그리고 파충류를 보았다.

파충류와 악어

 이번 연습 문제는 '우리나라 금융기관 현황' 문제보다 훨씬 쉽습니다. 왜냐하면 여러분은 이미 동물의 분류 체계를 알고 있기 때문입니다. 홍길동은 동물원에서 악어를 보았지만 '파충류'라고 일기에 기록하였습니다. 그러나 호랑이, 사자, 얼룩말, 원숭이와 동일한 분류기준을 적용하여 '악어'라고 써야 하지요. 한편 여기서 '포유류와 파충류'라고 쓴다면, 개별 동물명이라는 구체적인 정보를 놓치게 됩니다.

 다시 돌아가서 금융기관의 구분에 대해 알아봅시다. 금융기관의 체계는 다음과 같이 간단하게 설명할 수 있습니다. 기준이 어떠한 범위를 포함하고 있는지 알아봅시다. 집합관계를 감안하여 어떻게 수정해야 하는지 스스로 물어봅시다.

> **우리나라 금융기관의 체계**
>
> - **중앙은행**: 한국은행
> - **통화금융기관**: 일반은행 및 특수은행 등
> - **비통화금융기관**: 투자금융회사, 종합금융회사, 상호저축은행, 신용협동기구, 투자신탁회사, 증권회사, 보험회사, 우체국 등

> **04-3**
>
> ◆ '우리나라 채권시장 현황' 보고서의 체계를 적절하게 수정하시오.
>
> 〈차례〉
>
> 1. 발행시장   2. 유통시장
> 3. 전자거래시스템   4. 주식시장과의 차이

전체집합과 부분집합

예전에 배웠던 집합관계를 염두에 두고 '우리나라 채권시장 현황' 체계를 생각해봅시다. 집합 개념으로 위 문제를 읽어보면, 전자거래시스템은 유통시장의 부분집합이므로 발행시장, 유통시장과 동일한 위치에 있을 수 없습니다. 마치 동물원에 포유류와 조류 그리고 독수리가 있다고 말하는 셈이죠. 집합의 문제는 '내용을 명확히 알고 있느냐'와 밀접히 관련됩니다. 조류와 독수리를 같은 선상에 놓는 사람은 드물겠지만, 유통시장과 전자거래시스템을 동일 선상에 놓는 오류를 범할 가능성은 상대적으로 높습니다. 즉, 형식을 정

비하기 위해서는 우선 내용을 알아야 합니다.

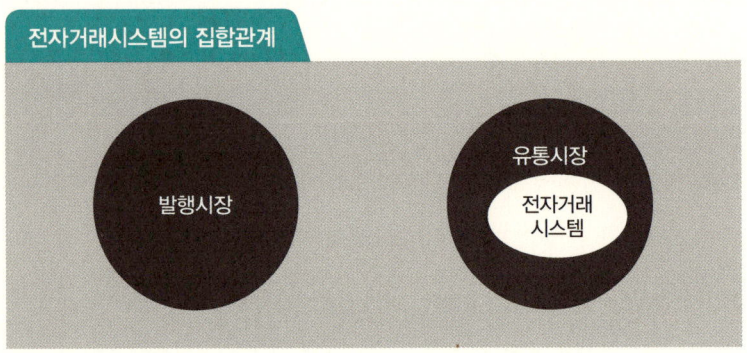

전자거래시스템의 집합관계

05. 인수분해: 공통 요소 묶기

인수분해는 주어진 정수整數 또는 다항식多項式을 몇 개 인수의 곱으로 변형하는 방식입니다. $ac+bc+ad+bd=(a+b)(c+d)$ 식을 보면서 옛 기억을 떠올려봅시다. 글쓰기에서 인수분해는 공통 요소를 강조하는 한편 나머지 요소를 간략하게 서술하기 위해 필요합니다.

05-1

◆ '우리나라 금융시장의 문제점과 개선 방안'에 대한 보고서의 체계를 정리하였다. 이를 적절하게 수정하시오.

〈차례〉
1. 금융시장의 현황   2. 금융시장의 문제점   3. 금융시장의 개선 방안

공통 요소 묶기

y=ax+bx+cx라는 식을 정리하면 y=(a+b+c)x가 됩니다. 하지만 누구나 쉽게 떠올릴 수 있는 이 해법을 글쓰기 과정에서는 생각해낼 여유가 없습니다. 다른 작업에 몰두하느라 눈에 보이지 않습니다. 공통 요소로 묶어서 줄일 부분은 과감히 줄여봅시다.

제시된 문제에서 x는 금융시장에 해당되고 a, b, c는 각각 현황, 문제점, 개선 방안이 됩니다. x로 묶어서 '금융시장'은 제목으로 들어가고 차례에는 현황, 문제점, 개선 방안만 남아야 합니다. '뭐 그렇게까지 할 필요가 있을까? 중복되는 부분이 있으면 어때?'라고 생각하는 분이 있다면, 차례를 아래와 같이 다시 쓰는 방법에 대해서는 어떻게 생각하는지요? '우리나라 금융시장'이 세 번이나 반복되는 점에 불편함을 느낄 것입니다.

우리나라 금융시장의 문제점과 개선 방안

〈차례〉
1. 우리나라 금융시장의 현황
2. 우리나라 금융시장의 문제점
3. 우리나라 금융시장의 개선 방안

보물찾기

숲 속에서 보물을 찾으려면 주변에 널려 있는 나뭇잎, 나뭇가지와 돌멩이를 치워야 합니다. 그래야만 빛나는 다이아몬드를 발견하기 쉽습니다. 반복되는 말이 널려 있으면 찾으려는 주제를 명쾌하게 알 수 없습니다. 누구나 알 수 있어 되풀이할 필요가 없는 말은 생략해야 합니다. '추가 정보를 주지 않는 말은 문장 속에 있을 자격이 없다'는 단순한 충고는 앞으로도 계속 반복될 것입니다.

06. 차원: 매트릭스 정리

좌표 x와 좌표 y로 두 개의 좌표축을 정하면 한 쌍의 좌표(x, y)로 나타나는 2차원 평면이 됩니다. 그 위에 좌표 z를 더한 3차원을 생각해봅시다. 매트릭스 구성 방식은 단순히 그림과 표를 그릴 때뿐 아니라 생각을 정리하는 데 도움을 줍니다. 또한 체계적 사고를 통해 미처 준비되지 못한 생각을 이끌어냅니다.

06-1

- ◆ 채권시장과 주식시장을 발행시장과 유통시장으로 구분하여 비교하시오.
- ◆ 채권시장과 주식시장을 발행시장과 유통시장으로 구분하여 은행, 증권사, 자산운용사 등 기관별 투자 형태를 비교하시오.

AaBb의 정렬 기준

A와 B의 대문자와 소문자를 차례로 정렬해봅시다. 2차원의 인식입니다. 우선 알파벳 순서에 맞춰 Aa Bb로 정렬할 수 있으며 대문자-소문자순으로 AB ab로 정렬할 수도 있습니다. 어떻게 표현하는 방식이 더 좋을까요?

이는 작성 관점에서 무엇을 강조하느냐에 달려 있습니다. 알파벳 순 기준이 중요한 상황인지, 대문자-소문자 기준이 중요한 상황인지 결정해야 합니다. 주관적 판단에 따라 좌우되는 경우도 많지만 금융·경제 여건에 따라 구분해야 하는 경우도 있습니다.

처음에는 Aa Bb로 현황을 정리했는데 1차 결재 단계에서 AB ab로 수정한 후 2차 결재 단계에서 Aa Bb로 다시 바꾸는 경우가 있습니다. 이러한 경우 문구를 단순히 고치는 문제와 달리 복잡한 문서 수정 작업이 요구됩니다. 명확한 기준이 없다면 체계 변경에 신중을 기해야 합니다.

주식·채권시장의 발행과 유통

	발행시장	유통시장
주식시장	A	a
채권시장	B	b

3차원 공간

2차원에서 이뤄지는 앞의 표 '주식·채권시장의 발행과 유통'은 단순하지만, 3차원으로 나타낸 '주식·채권시장의 발행과 유통에서 기관투자가의 비중'은 다소 복잡합니다. 또한 '주식·채권시장의 발행과 유통에서 기관투자가의 비중(I)'뿐 아니라 '주식·채권시장의 발행과 유통에서 기관투자가의 비중(II)'처럼 다양한 모습으로 그려볼 수도 있지요. 잠깐, 지금 표를 말하는 것이 아니라 생각의 구상을 이야기하는 것입니다.

사고의 체계를 어떻게 표현해야 할까요? '주식·채권시장의 발행과 유통에서 기관투자가의 비중(I)'의 경우는 각각의 주식 및 채권시장을 중시하면서 각 시장에서 발행시장과 유통시장을 비교하고 있는 데 반해 '주식·채권시장의 발행과 유통에서 기관투자가의 비중(II)'의 경우는 발행 및 유통시장을 중시하면서 각 시장에서 주식시장과 채권시장을 비교하고 있습니다.

주식·채권시장의 발행과 유통에서 기관투자가의 비중(I)

	주식시장		채권시장	
	발행시장	유통시장	발행시장	유통시장
은행	A1	a1	B1	b1
증권	A2	a2	B2	b2
자산운용	A3	a3	B3	b3

주식·채권시장의 발행과 유통에서 기관투자가의 비중(Ⅱ)				
	발행시장		유통시장	
	주식시장	채권시장	주식시장	채권시장
은행	A1	B1	a1	b1
증권	A2	B2	a2	b2
자산운용	A3	B3	a3	b3

　이를 그래프로 그려보면 좌표 x(주식/채권), 좌표 y(발행/유통), 좌표 z(은행/증권/자산운용)의 세 개 좌표축으로 나타나는 공간이 되며 각 칸에는 좌표(x, y, z)의 위치가 기록됩니다. 그렇다면 어떤 요소를 좌표 x와 y로 하고 어떤 요소를 좌표 z로 할까요? 이는 어떤 요소를 비교하는 데 초점을 맞출 것인가에 달려 있습니다.

그래프로 나타낸 3차원의 개념

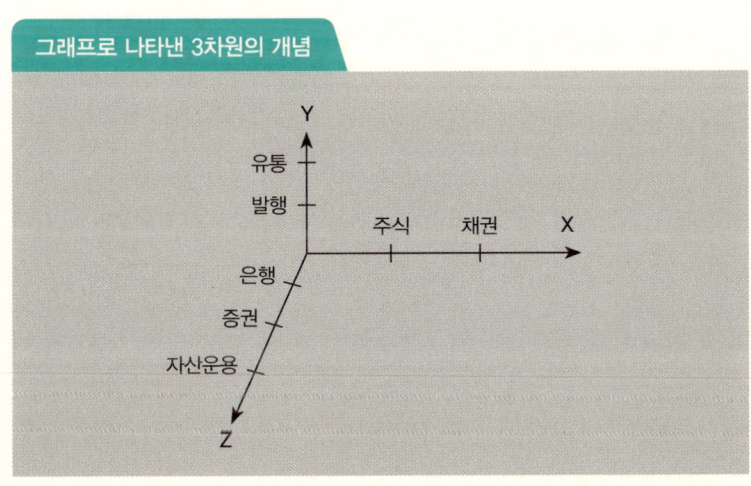

07. 대응: 생각 연결

수학에서 일대일 대응이란 정의역 X의 원소 1, 2, 3, 4에 공역 Y의 원소 1, 2, 3, 4가 빠짐없이 서로 다른 함숫값으로 대응하는 경우를 말합니다. 금융·경제 보고서 글쓰기에 빈번하게 등장하는 '현황 : 문제점 : 개선 방안'의 예를 가지고 함수의 대응관계를 생각해봅시다. 대응을 통하여 중복된 부분과 빠진 부분을 확인할 수 있으며, 생각과 문장이 제자리에 위치하는지 확인할 수 있습니다.

07-1

◆ 다음 명제에 [O/X]로 답하시오.

☐ 보고서에 포함된 현황, 문제점, 개선 방안은 각각 일대일로 대응되어야 한다.

하나 → 하나, 하나 → 여럿의 대응

보고서 작성에서 '현황 : 문제점 : 개선 방안'은 반드시 일대일로 대응하지 않습니다. 일대일 대응뿐 아니라 다대일多對一 대응도 가능하지요. 금융·경제 보고서의 대응관계에서는 하나가 여러 개를 찌르거나 여러 개가 하나를 찌를 수 있습니다. 하나의 현황에서 두 가지 문제점을 찾을 수 있으며, 하나의 개선 방안이 세 가지 문제점에 대응할 수도 있습니다.

다만 '현황 : 문제점 : 개선 방안'의 서술 과정에서 서로 대응하지 않는 요소는 없어야 합니다. 문제점을 현황에서 찾는다면 문제점의 단초가 되는 현황이 미리 나와 있어야 합니다. 현황에서 언급되지 않은 사항이 문제점이라고 혼자 나타나서는 안 됩니다. 마찬가지로 문제점에서 개선 방안을 찾아냈다면 개선 방안을 발견한 문제점이 미리 나와 있어야 합니다. 문제점이 없는데 개선 방안이 도출될 수는 없습니다. 서로 대응되지 않는 요소가 들어갈 이유는 없지요. 다만 기본 현황을 설명하는 '일반 현황'은 문제점과 대응할 필요는 없습니다.

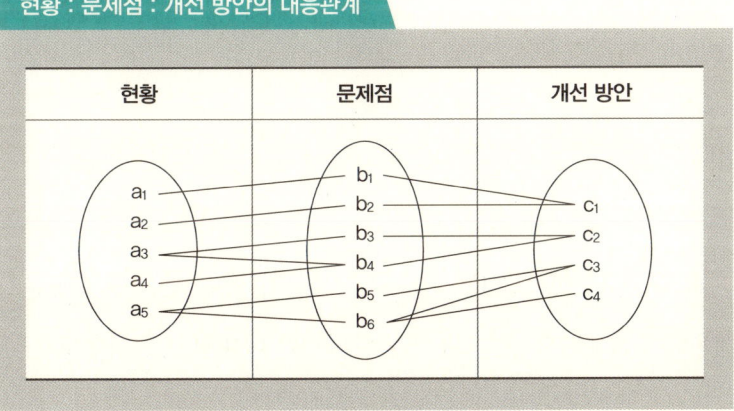

현황 : 문제점 : 개선 방안의 대응관계

성격이 급하거나 느린 사람들

'현황 : 문제점 : 개선 방안'에서뿐 아니라 서로 연결된 내용을 서술할 때 자기 영역을 넘어 남의 영역을 침범하는 경우를 흔히 볼 수 있습니다. 예컨대 현황을 설명하다가 현황의 문제점을 넣거나, 개선 방안을 제시할 때 문제점으로 언급되지 않은 새로운 문제점을 제기한 후 그 문제점에 대한 개선 방안을 제시하는 식입니다. 성격이 급해서 뒤에 나올 말을 참지 못하고 먼저 들이대는가 하면, 먼저 이야기해야 할 내용을 놓치고 뒤에 써 붙이는 경우도 잦습니다. 각각의 요소들이 자신이 있어야 할 구역을 지키지 못하는 모습입니다.

'각 항목은 자기 구역을 지켜야 한다.' 이렇게 말하면 아주 쉬워 보이지만, 글쓰기의 여러 주의 사항과 뒤섞이면 잘못 쓰기 쉬운 부분입니다. 수영을 배울 때 '팔다리'에 신경을 쓰다 보면 조금 전에 배운 '호흡'을 놓치기 십상입니다. 이에 대해서는 제5장 '수정 연습'에서 훈련해볼 예정입니다.

 제3장

생각의 틀

지금까지 수학 개념을 간단히 알아보았습니다. 이제 글쓰기에 필요한 여러 가지 '생각의 틀'을 알아보고자 합니다. 앞서 정리해본 수학 개념도 생각의 틀에 포함됩니다. 생각의 틀은 생각을 정리하는 방식일 뿐 아니라 생각을 도출해내는 방식이기도 합니다. 막연했던 생각을 끄집어내어 체계적인 글을 만들어낼 수 있다면 글쓰기 과정에서 유용한 도구가 됩니다.

08. 주제와 내용

08-1

◆ 다음 명제에 [O/X]로 답하시오.

□ 좋은 보고서 작성을 위해서는 형식보다 내용이 중요하다.

□ 흥미로운 주제보다 논리 전개가 더 중요하다.

무엇을 쓸 것인가?

글쓰기를 다루는 책에서는 보고서에 들어갈 내용을 설명하지 않습니다. 글의 바탕이 되는 내용은 이미 잘 알고 있다고 가정하지요. 금융·경제 보고서를 쓰기 위해서는 국내외 경기 상황과 전망, 글로벌 금융시장 동향, 미국의 통화정책 결정 방향 등 주제와 관련된 경제 여건을 잘 알고 있어야 할 뿐 아니라 현황과 문제에 대한 치열한 고민이 따라야 합니다. 또한 경제학, 경영학, 무역학, 회계학 등 관련 분야의 학술 지식이 뒷받침되어야 합니다. 이러한 지식과 정보 위에 검토하고자 하는 주제가 놓이게 되는 것이죠.

아이디어가 번뜩이는 광고 카피를 쓰는 것과 다르게 금융·경제 보고서는 사전 공부 없이는 내용을 충실하게 서술할 수 없습니다. 작성 과정에서의 논리 전개도 중요하지만 무엇보다 전하고자 하는 메시지가 중요합니다. 무엇을 쓸 것인지 흥미롭고 시의적절한 주제를 찾아야 합니다.

08-2

♦ 다음 명제에 [O/X]로 답하시오.

☐ 아무런 아이디어 없이 시작하더라도 자료를 정리하다 보면 새로운 아이디어가 생각난다.

자료 수집과 정리

보고서를 쓰는 일은 관련 자료들을 연결시키는 과정입니다. 우선 자료와 정보를 충분히 확보해야 합니다. 자료 없이 창의적 아이디어가 하늘에서 뚝 떨어지지 않습니다. "맨땅에 헤딩하지 않는다"는 말은 보고서 작성에서도 중요한 원칙입니다. 문제에 매달리기 전에 우선 자료를 찾아봅시다. 선행 연구에 이미 체계적으로 정리되어 있는 경우가 적지 않습니다.

몰입

체계적인 자료 정리는 보고서를 꼼꼼하게 쓰기 위해서도 중요하지만, 새로운 질문을 던지고 새로운 답변을 만들어내는 데도 중요한 역할을 합니다. '보고서 내용을 한마디로 요약하면 무슨 뜻인가?', '해결 방안은 무엇인가?'를 항상 생각합시다. 몰입은 집중하는 시간이며 창의적 생각의 기본 토대입니다.

자료를 정리한 후 오랜 시간에 걸쳐 집중하다 보면 밥을 먹을 때나 아무 생각 없이 TV를 보다가도 갑자기 좋은 답이 떠오르기도 합니다. "유레카!" 목욕하다가 생각나기도 하지요. 이럴 경우를 대비하여 메모지와 필기구를 휴대합시다. 몰입 시간은 배추와 고춧가루라는 재료를 투입하여 숙성된 '김치'를 만들어냅니다. 치열하게 고민하다 보면 어떤 해결책이 도출됩니다. 몰입의 힘을 믿읍시다.

책상을 떠나서

책상머리를 떠나 산책하는 시간을 의식적으로 가질 필요가 있습니다. 컴퓨터가 버벅거리며 잘 돌아가지 않을 때 가장 간단한 해결책은 컴퓨터를 껐다 켜는 것입니다. 휴게실에서 커피를 마시거나 화장실에서 볼일을 보는 동안 불현듯 해답이 스치기도 하지만, 일부러 쉬는 시간을 가지면 엉클어졌던 생각이 스스로 정리되기도 합니다. 전혀 관계 없어 보이는 두 개를 이어주거나, 하나에서 다른 하나로 뻗어나가거나, 빠진 요소를 찾아주는 모자이크 하나! 몰입과 성찰의 교훈은 긴요합니다.

08-3

◆ 다음 명제에 [O/X]로 답하시오.
☐ 많은 내용을 포괄하기 위하여 주제를 가급적 폭넓게 설정하여야 한다.

거인의 어깨 위에서

그 분야에 오랜 시간을 투여한 전문가만이 커다란 주제를 다룰 수 있습니다. 예를 들어 '우리나라 금융시장의 문제점과 개선 방안'이라는 주제는 여러 명의 전문가들이 협업해서 진행해야 할 만큼 큰 주제지만 '우리나라 국채선물시장의 문제점과 개선 방안'은 상대적으로 작은 노력으로 접근할 수 있습니다.

분야를 제한할수록 작업은 더 잘 진행됩니다. 너무 큰 주제를 생각하고 있다면 초점을 바꾸어야 합니다. 재량권이 있다면 주제 범위를 과감하게 좁히고 '거인의 어깨 위에 앉은 난쟁이'로서 세상을 보아야 합니다.

08-4

◆ **다음 명제에 [O/X]로 답하시오.**

☐ 변동하는 가격과 규모에 관심을 가져야 한다. 별 움직임이 없는 현상에 관심을 가질 필요는 없다.

어디에 관심을 가질까?

주제를 선정하는 과정에서 일반적으로 가격과 규모가 크게 변화하지 않으면 관심을 갖지 않습니다. 그러나 변화가 없는 현상 밑에 우리가 모르는 요인이 있을 수 있습니다. 즉, 우리가 알고 있는 커다란 변동 요인에도 불구하고 겉으로 드러난 움직임이 없다면 우리가 모르고 있는 또 다른 요인이 있는 것입니다. 이를 알게 되면 새로운 발견이 됩니다. 반면 가격과 규모가 크게 변했는데 이미 널리 알려진 요인이 반영된 결과였다면 당연한 일이므로 특별한 이슈가 되지 않겠지요.

08-5

◆ 다음 명제에 [O/X]로 답하시오.

☐ 내용을 잘 아는 상사에게 제출하는 보고서는 그렇지 않은 경우보다 간결하게 작성하여야 한다.

내용을 잘 아는 상사를 위한 보고서

내용을 잘 아는 상사는 세부 사항에 관심을 가질 수 있습니다. 보고서가 평이할 경우 오히려 성의 없이 작성했다고 할 수도 있겠지요. 따라서 본문은 간결하게 작성하되 참고 자료 등을 풍부하게 추가하는 편이 좋습니다.

09. 접근법

09-1

◆ 다음 명제에 [O/X]로 답하시오.

☐ 보고서의 내용에 대한 지식은 그 주제에 한정되지만, 형식에 대한 기술은 대부분의 보고서에 적용된다.

그릇 또는 그물

그릇은 음식을 담아내는 용도로 사용하지만 넓적한 접시, 움푹한 그릇, 입구가 좁은 병이 담을 수 있는 음식은 다릅니다. 경제 여건의 변화에 따라 주제는 항상 바뀌기 마련입니다. 그러나 그릇은 한번 갖추어놓으면 매번 새로운 음식을 계속 담아낼 수 있습니다. 마찬가지로 작성 기법을 한번 익혀놓으면 다양한 주제를 잘 정리해낼 수 있다는 데 형식의 유용성이 있습니다. 음식은 매번 새롭게 등장하지만 그릇의 생명은 오래갑니다.

또한 잘 갖춰진 그릇 세트가 있다면 오늘의 부족한 음식을 쉽게 찾아낼 수 있습니다. 국그릇이 비어 있다면 '아! 국그릇에 담길 국이 빠졌네!' 하고 부족한 부분을 금방 찾아낼 수 있지요. 내용을 익히는 데 비해 형식을 익히는 작업은 상대적으로 시간과 노력이 훨씬 적게 듭니다.

보고서 작성법을 익히면 '일하는 방식'을 알기 쉽습니다. 새로 전입한 직장 상사가 오랫동안 한 부서에서 일한 부하 직원을 통솔하는 방식이 됩니다. '일하는 방식'을 알게 된다는 것은 '고기 잡는 그물'을 갖게 된다는 뜻입니다.

09-2

◆ 아래 자료를 정리하는 과정에서 A, B, C의 대·소문자를 제외한 여러 기호들은 필요 없는 자료임을 알게 되었다. 그렇다면 다음 자료가 무엇을 의미하는지 말하시오.

d	☆	K	♣	w	☆	♠	N	♠	Y	R	T	☆
R	K	☆	T	w	♣	G	♠	Y	S	P	M	S
T	♣	Y	♠	☆	♠	Y	S	♣	R	P	♠	N
U	♠	☆	e	L	q	a	T	☆	M	☆	L	♠
M	k	♠	M	H	c	☆	A	M	♠	P	F	h
m	H	h	E	b	☆	D	T	a	E	F	♠	K
L	♠	L	C	M	Q	♠	L	—	b	F	h	Y
p	k	B	L	h	♣	M	♠	—	F	C	h	S
D	a	T	☆	h	T	☆	N	♠	T	G	a	♣
A	♣	k	L	♠	Q	M	h	R	T	h	G	B

불필요한 자료 제거

　알파벳만 알면 누구나 풀 수 있는 단순한 문제이지요. A, a, B, b, C, c를 제외한 나머지를 지우면 다음 그림처럼 아주 단순한 산 모양이 나타납니다. 정보의 홍수에서 빠져나와 무엇이 유용한 자료인지만 알아도 전체 모습이 보입니다. 필요 있는 자료만 추려내면, 또는 필요 없는 정보를 버리면 생각이 정리됩니다. 글쓰기에서도 불필요한 내용을 넣지 않으면서 군더더기 수식어를 제거하면 말하고자 하는 핵심이 드러납니다.

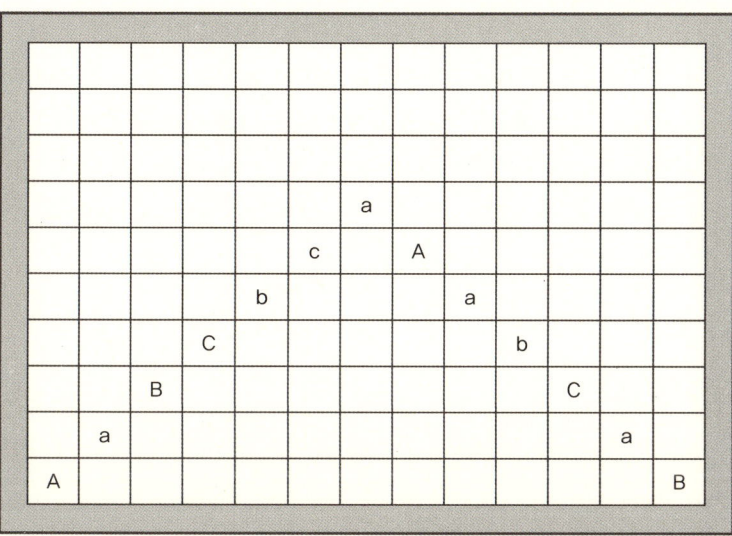

09-3

◆ 글로벌 금융위기 이후 주요국 금융시장의 변화와 중앙은행들의 조치를 정리해보았다. 다음 표를 보고 생각을 정리하시오.

	미국	EU	일본	중국	한국
A시장 변화	Aa	Ae	Aj	Ac	Ak
B시장 변화	Ba	Be	Bj	–	Bk
C정책 실행	Ca	–	Cj	Cc	–
D정책 실행	Da	De	–	Dc	Dk

비교가 이끌어내는 생각

떨어져 있을 때는 별 뜻이 없었던 내용들을 연결하고 비교하다

제3장 생각의 틀 45

보면 의미를 갖게 됩니다. 예를 들어 글로벌 금융위기 이후 주요국 금융시장의 변화와 중앙은행들의 조치에 대한 자료를 모아 비교해 보면, 실물경제는 계속 부진한데도 자산 가격이 상승하는 공통점이 발견됩니다. 자료 정리 과정에서 알게 되었다면 이는 새로운 주제가 될 수 있습니다. 이처럼 생각과 자료는 상호 작용을 합니다.

빈칸의 의미

체계적인 정리를 통해 기존 자료에서 잘 다루지 않았던 문제를 찾아내기도 합니다. 표를 정리하는 과정에서 빈칸을 발견하게 되면, 미지의 세계를 찾아나서는 탐험이 시작되지요. 빈칸은 단순히 비어 있는 자리가 아닙니다. 빈칸은 비어 있음으로써 자신이 비어 있다는 사실을 웅변합니다. 우리는 왜 비어 있는지 질문합니다.

예컨대 '중국의 경우 왜 B시장에서 특별한 움직임이 발견되지 않았는가?', 'EU가 C정책을 실행하지 않은 데에는 특별한 요인이 있었는가?', 'C정책이 실행되지 않은 점을 보았을 때 우리나라의 시장 여건은 미국보다 유럽에 가까웠다고 볼 수 있는가?' 등의 질문이 자연스럽게 나오게 됩니다.

자료를 그냥 읽어보지 말고 매트릭스로 정리하는 습관을 가집시다. 쌓여 있는 자료는 체계적으로 정리한 뒤에야 정보가 됩니다. 형식을 통하여 질문을 짜내는 방식입니다. '생각의 틀'은 '보고서 작성의 틀'이 됩니다.

09-4

◆ 글로벌 금융위기 이후 선진국과 신흥시장국의 경제 상황에 대해 다음 그림과 같이 자료를 정리하였다. 그림을 통하여 생각을 확장하시오.

글로벌 금융위기 전후의 경제 상황

	전	후
선진국	A1	A2
신흥시장국	B1	B2

생각의 확장

　대부분의 경우 생각은 꼬리에 꼬리를 물고 진행됩니다. 자료를 정리한 후 그림의 각 칸에 대해 생각할 수 있습니다. 주어진 문제에서는 글로벌 금융위기 전후의 비교, 주요국과 신흥시장국의 비교를 통해 차이점을 정리해본 후 그 요인들을 찾아볼 수 있습니다. 또한 선진국과 신흥시장국 각각의 경우 시간이 흐르더라도 바뀌지 않는 요소는 무엇이 있었을까요? 아울러 선진국과 신흥시장국에서 금융위기 이전 경제 환경의 공통 요소는 무엇이 있었으며, 금융위기 이후 공통 요소는 무엇일까요?

　자료가 정리되어야만 생각이 확장됩니다. 표는 숫자로만 구성 되지 않습니다. 문장을 표로 만들면 생각이 확장되는 시발점이 됩니다.

글로벌 금융위기 전후의 경제 상황

	전(a)	후(b)	차이(b-a)	공통(a∩b)
선진국(c)	A1	A2	A2-A1	A1∩A2
신흥시장국(d)	B1	B2	B2-B1	B1∩B2
차이(d-c)	B1-A1	B2-A2	A1-A2-B1+B2	(B1∩B2)-(A1∩A2) (B1-A1)∩(B2-A2)
공통(c∩d)	A1∩B1	A2∩B2	(A2-A1)∩(B2-B1) (A2∩B2)-(A1∩B1)	A1∩A2∩B1∩B2

09-5

◆ 다음 명제에 [O/X]로 답하시오.

☐ 보고서 작성 시에는 작성자 고유의 독자적인 언어와 표현을 사용하는 편이 좋다.

자신과 상대의 언어

보고서는 커뮤니케이션입니다. 따라서 자신에게 익숙한 언어가 아니라 상대방이 선호하는 용어와 형식을 사용해야 합니다. 자신만 자신의 언어에 익숙할 뿐입니다. 보고서도 소비자를 지향해야 합니다.

찾아보기 귀찮다고 자기가 만든 단어를 사용하는 사람들이 있는데, 다른 사람들에게 통용되지 않는 용어일 수 있습니다. 그러므로 혼자서 고민하고 결론에 이르기 전에 먼저 다른 자료들을 모아서 정리해봅시다.

09-6

◆ 다음 명제에 [O/X]로 답하시오.
☐ 금융시장의 단기 변동 요인을 알려면 시장 참가자에게 물어봐야 한다.

누구에게 물어볼 것인가?

금융·경제 보고서 작성 시 금리, 환율, 주가의 움직임을 실시간으로 알고 있다고 할지라도 변동 요인은 시장 참가자들에게 물어봐야 합니다. 책상 앞에서 궁리한다고 알아낼 수 없습니다. 금융시장을 움직이는 현재의 요인은 현재 거래하고 있는 시장 참가자들이 가장 잘 알겠지요.

그러나 시장에 실제로 참가하고 있는 중개업자(브로커), 딜러와 펀드매니저 등 전문가들의 시계는 의외로 짧으며, 현장을 따라가려는 조급함이 있습니다. 그들의 말은 시장 변화에 따라 갑자기 달라집니다. 또한 자기 포지션을 가지고 있는 딜러들의 경우 자신의 입장에서 생각하려는 편향을 가집니다. 조금 더 긴 시계인 중기 요인을 알고 싶다면 경제연구원 및 증권사 등의 경제 전문가들과 접촉해 보는 편이 좋습니다. 반면 그들은 오늘의 현장에는 조금 둔감하기 마련이지요. 시장의 움직임에 접근하려면 여러 채널을 확보해 조사해야 합니다.

09-7

◆ 다음 명제에 [O/X]로 답하시오.

☐ 여러 대안을 비교할 때는 공통 요인을 제거하고 차이 요인만 비교한다.

무엇을 비교할 것인가?

동쪽으로 갈 때(A) 서쪽으로 갔을 때(B)와 비교합시다. '좋다 또는 나쁘다'는 상대적이며 비교 대상을 통하여 판단됩니다. 이 경우에도 비교 대상의 장단점을 표와 그림으로 나타내보면 놓치고 있는 생각을 발견할 수 있습니다.

대안을 비교할 때는 공통 부분을 제거하고 차이 나는 부분만 비교하면 훨씬 빠르게 답을 얻을 수 있습니다. 하지만 이 경우 공통 부분을 제거하는 데 면밀한 노력을 기울여야 합니다. 공통 부분이 아닌데도 제거하거나 공통 부분의 일부를 제거하지 못하게 되면 정확한 결론을 산출하기 어렵습니다. 사안이 복잡해서 공통 부분을 제거하기 어렵다면 전체를 비교하는 편이 다소 복잡하더라도 안전합니다.

어떤 방식이 빠르고 안전한가?

여러 대안을 비교하는 방법은 크게 두 가지로 나누어볼 수 있습니다. 첫째 방법은 현 시점(t1)의 A1과 B1의 차이를 산출한 후 미래 시점(t2) A2와 B2의 차이를 산출하여 이들의 차이를 비교하는 방식입니다. 둘째 방법은 현 시점(t1)의 A1과 미래 시점(t2) A2의 차이를 산출한 후 현 시점(t1)의 B1과 미래 시점(t2) B2의 차이를 산출하여 이들의 차이를 비교하는 방식입니다.

이 두 가지 방식은 얼핏 동일한 답을 얻을 수 있을 것으로 보이지만 여러 가지 다른 결과가 나올 수 있습니다. 먼저 긴 시계를 가지는 경제학의 관점에서 보면 두 시점의 변수들이 서로 독립적이 아닐 경우가 많은데, 이 경우는 전체 변수를 모두 고려하는 방식을 채택하는 것이 좋습니다. 예를 들어 국민소득과 소비의 관계 등이 그러하지요. 짧은 시계를 대상으로 할 경우에는 변수들 간 독립을 가정하여 변화분만을 대상으로 분석하기도 합니다. 이 경우 비교적 간단하게 비교할 수 있습니다. 투자 대안의 수익성 분석 등을 예로 들 수 있습니다.

09-8

◆ 다음 명제에 [O/X]로 답하시오.

☐ 현실을 빨리 반영하기 위해서는 통계에 의존하기보다 현장의 움직임에 대한 감을 믿어야 한다.

무엇을 믿을 것인가?

미 연방준비제도이사회 의장이었던 앨런 그린스펀은 기준금리를 결정하기 전에 워싱턴 시내의 쓰레기 양이 늘어났는지 줄어들었는지를 보았다고 합니다. 때로는 충분한 정보를 바탕으로 한 신중한 판단보다 신속한 판단이 중요하기도 하지요. 상황을 충분히 파악했을 때는 이미 다른 방향으로 흘러가고 있을 수도 있습니다.

그러나 현장의 움직임이 헷갈릴 때 결국 믿고 기댈 수 있는 기준은 통계 자료밖에 없습니다. 더욱이 전문가가 아닌 일반인의 경우 자신의 의견에 대한 비판이 있을 때 반론으로 제시할 수 있는 증빙은 통계와 통계를 기반으로 작성한 자료뿐입니다. 증거가 뒷받침되지 않는다면 의견은 그저 단순한 주장에 머물게 됩니다.

09-9

◆ 다음 명제에 [O/X]로 답하시오.

☐ 현실과 일치되는 기준 bench-mark이 없다면 비교해서는 안 된다.

무엇과 비교할 것인가?

'크다, 작다, 높다, 낮다, 가파르다, 완만하다' 등의 표현에는 반드시 비교 대상이 있어야 합니다. 자신의 과거 실적이 아닌 다른 기준이 필요할 때도 있습니다. 앞에서 설명하였듯이 어떠한 경우든 상황 평가는 비교를 통하여 이뤄집니다.

비교 대상을 찾기 어려운 경우 어떻게 할 것인가?

사업 추진 과정에서는 목표를 설정하는 작업이 중요한데, 이 경우 목표와 현실을 비교하게 됩니다. 목표 설정과 상황 비교 과정에서 정확히 일치되는 기준bench-mark이 없으면, 비슷한 기준을 선택한 후 원하는 목표와의 차이를 분석합니다. 예를 들어 적의 고지가 목표지만 직접 접근할 수 없을 때에는 비행기에서 낙하산으로 인근 지역에 착륙한 뒤 걸어서 목표 지점으로 가는 방식입니다. 이때 적의 고지와 낙하지점 간의 거리와 접근법을 알고 있어야 합니다. 이를 '차이 분석'이라 합니다.

09-10

◆ 다음 명제에 [O/X]로 답하시오.

☐ 보고서의 신뢰를 강화하기 위해 계량적 방법론을 많이 사용하는 편이 좋다.

주장을 뒷받침하는 방법

적지 않은 보고서들이 주관적 의견만 담고 있으면서도 객관적 자료를 기초로 하고 있다고 주장합니다. 의견을 뒷받침하기 위해서는 엄밀한 방법론이 필요합니다. 계량적 접근은 점차 복잡해지고 있으며 웬만한 방법론은 어렵지 않게 반박할 수 있습니다. 방법론의 엄밀성을 확보하면서 논문을 쓰려면, 기본 지식이 있더라도 최소 6개월은 소요되겠지요.

그런데 금융·경제 보고서는 실증 연구 논문이 아닙니다. 계량적 접근을 쉽게 인용하여 동원할 수 있다면 좋겠지만, 단순한 통계표와 그래프만으로도 주장을 뒷받침할 수 있습니다. 또한 엄밀한 방법론을 고민하는 사이에 단기 동향이 변동하고 현안 사항이 바뀌기 십상입니다.

관련 선행 연구의 참고 문헌을 많이 알고 인용할 수 있으면 보고서를 쓰는 데 큰 힘이 됩니다. 주장에 필요한 근거를 뒷받침해줄 수 있기 때문입니다.

상관관계와 인과관계

금융·경제 보고서에서 관심을 많이 갖는 부분이 인과관계입니다. 예를 들어 '통화량이 늘어나서 물가가 상승하였는가?', '저금리 지속 현상은 자산가격 상승과 가계부채 문제에 어떤 영향을 미치고 있는가?', '미국의 기준금리 인상은 우리나라의 자본 유출입에 어떤 영향을 미칠 것인가?' 등은 인과관계를 묻는 질문입니다.

그런데 많은 보고서에서 상관관계와 인과관계를 혼용하는 경우가 있습니다. 유명한 예로 '아이스크림이 많이 팔리는 지역에서 범죄율이 높다'는 연구가 있었습니다. 이상한 현상이지요. 아이스크림 판매를 줄이면 범죄율이 낮아진다는 의미일까요? 그러나 조금 더 살펴보니 아이스크림이 많이 팔리는 지역은 평균 기온이 높은 지역이고 범죄율은 평균 기온과 밀접한 관련이 있었습니다. 더우면 짜증이 나서 범죄를 저지를 확률이 높아지게 된다는 연구가 발표되었지요. 이 사례에서 알 수 있듯이 계량 분석을 위한 방법론의 선택과 해석에 주의해야 합니다.

> **주제에 접근하는 인식**
>
> - 경제 현상은 확률 범위 내에서 우연히 일어날 수 있음을 인식한다.
> - 독립변수와 종속변수를 구분한다.
> - 상관관계와 인과관계를 구분한다.
> - 현황stock 또는 흐름flow 중 무엇을 살펴야 하는지 결정한다.
> - 시계열분석과 횡단면분석을 동시에 생각하는 패널분석의 마음을 갖는다.

09-11

◆ 다음 명제에 [O/X]로 답하시오.

☐ 보고서 작성을 위해 가급적 1차 자료를 참고한다.

가급적 원본 참조

원본에 대한 해석은 원본이 아닙니다. 자료를 그대로 인용하면서 출전을 붙일 때에도 그러할 뿐 아니라 본문에 내용을 녹여 넣을 때에도 그러합니다. 케인스의 이론인지 케인스 이론에 대한 해석 혹은 비판인지를 가려야 합니다. 외국어로 된 자료는 가급적 원본을 읽어 번역 오류 등의 문제점을 없애야 합니다. 예컨대 미 연방준비은행 총재의 기준금리 인상 또는 인하 발언은 영어의 미세한 어감에 주의해야 합니다. 그러나 우리에게는 언제나 시간 제약이 있습니다. 이를 핑곗거리로 삼아 손쉬운 지름길을 찾아가려는 유혹에 빠지기도 합니다.

2차 자료의 이용

모든 글에 출전의 확인을 직접 요구할 수는 없습니다. 예를 들어 우리나라와 미국 간 통화스와프가 언제 실시되었는지를 알기 위해 당시의 문서를 찾아야 할 필요는 없겠지요. 그 주제를 다루고 있는 믿을 만한 책이나 자료를 참고하고 인용하면 될 것입니다. 주요한 사항이라면 몇 가지를 참고하여 서로 일치하는지 확인합니다.

> **09–12**
>
> ◆ 내일 아침까지 프로젝트 A의 장단점에 대한 보고서를 만들라는 부장의 지시가 있었다. 어떻게 할 것인가?

갑작스러운 보고서 작성

보고서는 충분한 시간을 가지고 여유로운 분위기에서 작성되지는 않습니다. "오늘 하루 만에 작성하시오" 또는 "한 시간 만에 만들어내!"라는 급박한 상황 속에서 이루어지기도 합니다. 중요한 순간이라면 찰나가 운명을 결정하기도 합니다. "며칠만 시간을 더 주시면 좋은 보고서를 만들어보겠습니다"라는 답변은 통하지 않습니다.

지시하는 상사도 다급한 상황에 쫓기고 있거든요.

긴급 상황에 대비

위기는 준비된 사람의 편입니다. 새로운 주제에 대한 보고서를 어떻게 갑작스럽게 만들 수 있겠습니까? 정말 불가능하다고 생각된다면 차라리 포기하거나 다른 직원에게 맡기라고 말하는 편이 낫습니다. 그러므로 평소 준비가 중요합니다. 가지고 있는 자료와 정보는 자신만의 체계에 따라 분류돼 있어야 합니다. 예를 들어 관리하고 있는 자료database 중 국제수지 관련 자료는 종합, 수출, 수입, 자본수지 등으로 분류돼 있어야 금방 찾아낼 수 있습니다. 통계 자료는 시간 날 때마다 최신 자료로 고쳐놓아야update 합니다. 모르는 사항을 찾아볼 수 있는 인터넷 주소를 알고 있어야 하며, 물어볼 수 있는 전문가와의 관계network도 중요합니다. 긴급한 순간 자료는 준비된 사람에 의해서만 만들어질 수 있습니다. 일을 안 하고 있다고 생각되는 시간은 알고 보면 자료를 정비하는 기간입니다.

한편 맡고 있는 부문을 전체적으로 관리할 시스템을 구축할 필요가 있습니다. 예를 들어 A=B+C−D라는 시스템을 구축하고 관련 자료를 수시로 관리하고 있으면, B에 대한 보고서를 작성하라는 갑작스러운 지시에 B=A−C+D를 이용하여 짧은 시간에 대처할 수 있습니다.

 제4장

작성기준

수영을 즐기려면 사전에 물에 뜨는 방법과 팔다리를 움직이는 법 등에 대한 최소한의 지침을 익혀야 합니다. 이 장에서는 글쓰기 과정을 부문별로 나누어 어휘, 문장, 체계, 시각화, 퇴고 등에 대해 정리하고, 주어진 '기준'들이 상충할 경우 어떻게 조정하여 적용해나갈지 설명하고자 합니다.

10. 과정: 어떤 순서로 작성하는가?

10-1

◆ 다음 명제에 [O/X]로 답하시오.

☐ 쓰기 전에 생각을 정리하여야 한다. 글 쓰는 과정에서 체계를 자꾸 고치면 논리의 방향을 잃어버리게 된다.

☐ 전체 체계가 구상되었으면 생각을 정리하면서 논리를 따라 차례대로 차근차근 쓰는 방식이 바람직하다.

구성의 순서

일반적으로 글쓰기 전에 반드시 생각을 정리하고 체계를 구성해야 한다고 강조합니다. 그러나 글을 쓰는 과정에서 찾아낸 자료를 반영하다 보면 처음에는 보이지 않던 부분이 새로 드러나기도 합니다. 미리 정한 체계는 새로운 내용에 따라 바뀌게 되며, 바뀐 내용은 새로운 체계를 불러옵니다.

다음은 금융·경제 보고서 작성의 흐름을 정리한 그림입니다. 화살표는 진행 방향을 나타냅니다. 일견 그럴듯해 보입니다. 그러나 그림에 나타난 진행 방향과 달리 반대 방향으로의 피드백이 필요합니다. 보고서 작성 과정이란 기획과 작성, 자료 정리와 생각 정리, 중간보고와 새로운 자료 수집 등이 얽혀 있습니다. 심지어 보고서가 완성되기 직전에 새로운 자료를 찾아 보완해야 하는 경우도 종종 있습니다. 또한 제3자의 조언이 단계마다 필요할 수도 있습니다. 그럼에도 이 그림을 제시한 이유는 글쓰기의 절차가 하나의 방향으로 진행되지 않는다는 점을 강조하기 위함입니다.

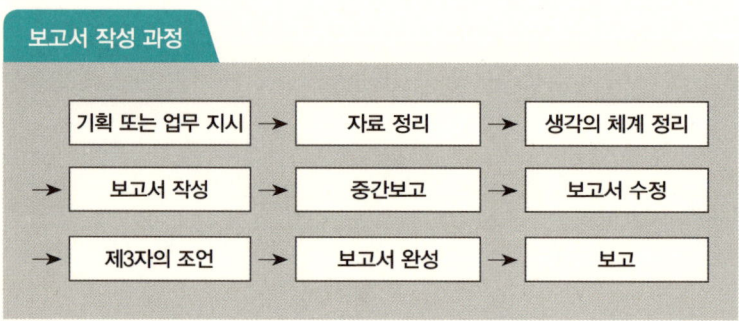

글쓰기의 순서

그동안 모아둔 참고 자료를 바탕으로 글쓰기 체계를 구상했다면 머릿속에 떠오르는 모든 내용을 써야 합니다. 반드시 제1장부터 시작할 필요는 없습니다. 정리되었다고 생각하는 부분부터 시작해도 됩니다. 어차피 쓰다 보면 당초 구상은 무너지게 되어 있습니다. 때로는 강한 주장이 자신을 사로잡지만, 추후 주제의 중심에서 한참 벗어났다는 사실을 깨닫게 됩니다. 또 금융·경제 환경도 바뀔 뿐 아니라 위로부터의 방향 제시도 달라질 수 있습니다. 그러면 고치면 됩니다. 설계도는 있어야 하지만 바뀔 수 있으며, 이렇게 되면 집 짓는 방식도 달라집니다. 줄거리를 끌고 나가는 데 도움이 되지 않는 부분은 가지를 치면서 각주 또는 참고 자료로 넣어줍니다. 보고서는 체계적으로 써야 하지만 쓰는 순서가 체계적일 필요는 없습니다.

> **10-2**
>
> ◆ 다음 명제에 [O/X]로 답하시오.
>
> ☐ 주어진 과제 작성을 위해 다른 부서에 협조를 구할 일이 있으면, 자신의 일을 시작하기에 앞서 다른 부서 직원에게 먼저 부탁한다.

통제와 협조

이제 본격적으로 보고서를 작성해봅시다. 많은 경우 보고서 작성은 혼자 힘으로만 해내기 어렵습니다. 기획실 또는 예산 부서의 통제를 받아야 하는 경우도 있습니다. 관련 부서의 협조를 잘 받아내야 합니다. 협력하는 과정에서 미처 생각하지 못했던 아이디어를 제공받기도 합니다. 보고서를 잘 쓰기 위해서도 같이 살아가야 합니다.

일의 우선순위

내가 맡은 업무를 먼저 시작해야 할까요, 아니면 다른 사람이 해야 할 일을 먼저 부탁해야 할까요? 동시에 마치는 두 가지 업무가 있다면 다른 사람에게 먼저 부탁해야 합니다. 다른 사람은 내 보고서에 대해 나만큼 급하지 않으니까요. 심지어 협조를 구해야 하는 담당 팀장은 부하 직원이 소속 팀의 고유 업무가 아닌 다른 팀의 업무를 먼저 처리하는 태도를 싫어할 수도 있습니다. 그러므로 소요 시간이 동일하게 예측된다 하더라도 다른 부서 직원에게 먼저 협조를 구해야 합니다. 다른 사람에게 부탁하는 일은 정해진 시간에 완료되지 않을 수 있다는 점을 염두에 두어야 합니다. 더욱이 다른 부서의 업무 필요 기간이 더 긴 경우에는 두말할 필요도 없겠지요.

11. 준비: 자료 정리와 확인

11-1

◆ 보고서 작성을 지시받았을 때 먼저 확인해야 할 사항은 무엇인가?

기차는 떠나고

팀장 또는 부서장이 보고서 작성을 지시했을 때 '이 보고서를 어떤 방식으로 작성하지?'라며 어떻게How로 바로 돌입하는 경우가 종종 있습니다. 그러나 우선 한숨을 돌리고 무엇부터 확인해야 할지 생각해봅시다.

첫째, 언제까지 보고해야 하는지 제출 기한When을 명확하게 해야 합니다. 기차가 떠난 후 엄청난 보고서를 완성해봐야 소용없는 일입니다. 제출 기한은 보고서의 양, 형식 그리고 내용까지 결정합니다. 한 시간 후 보고해야 하는 보고서의 양은 기껏해야 한 페이지에 불과합니다. 형식도 간단해야 하겠지요. 보고 시한을 말해주지 않을 경우 먼저 물어봐야 합니다. 시간은 비용입니다.

닭과 달걀: 내용과 형식

둘째, 보고 시한이 결정되면 보고서의 양에 대한 의견 교환이 있어야 합니다. 보고서의 양은 내용을 결정하고 그 내용은 다시 형식을 결정합니다. 닭과 달걀은 무엇이 먼저일까요? 10페이지 보고서에 들어갈 내용과 30페이지 보고서에 들어갈 내용은 같을 수 없습니다. 내용을 어떻게 정리할 것인지는 보고서의 분량에 달려 있습니다.

무엇을 위하여 종은 울리나?

셋째, 무엇What을 하면서 왜 하는지 모르고 하는 사람들이 있습니다. 왜 하느냐고 물으면 "부장님이 시키니까 한다"거나 "교수님이 과제를 내줘서 한다"고 말합니다. 물론 틀린 말은 아니지만, 중요한 점은 글 쓰는 사람의 목적의식Why입니다. 지금 여러분이 'IT 부문 강화 방안' 보고서를 만들고 있다면, 사장에게 강하게 주장하기 위한 것인지, 이사회를 설득하기 위한 것인지, 단순히 여러 대안의 하나로서 설명하기 위한 것인지, IT 부문 축소를 주장하는 다른 부서의 의견을 반박하기 위한 것인지 등등 이 보고서가 무엇을 위한 것인지 알아야 합니다.

글 쓰는 목적이 '설명'에 있다면 담백하게 써내려가야 합니다. 그러나 '주장'이 목적이라면 주관적으로 자신의 단호한 입장을 밝히는 것이 중요합니다. 글 쓰는 이유가 무엇인지에 따라서 기조를 달리해야 합니다. 또한 이를 지원하기 위해 동원하는 통계표와 그래프도 달라져야 합니다. 우리는 하고 싶은 이야기를 전달하기 위하여 글을 씁니다.

무엇을 먼저 할 것인가?

넷째, 여러 가지 지시 사항이 있다면 무엇을 먼저 할 것인지 물어봐야 합니다. 시간과 역량은 제한되어 있습니다. 일에는 우선순위가 있습니다. 먼저 요구하는 일을 나중에 하고 나중에 해도 될 일을 먼저 처리할 필요가 없습니다. 지시하는 사항이 그 일이 진행되어야 하는 과정 및 절차와 일치하지 않을 경우도 있습니다. 그 경우 지시 사항을 다시 확인해야 합니다.

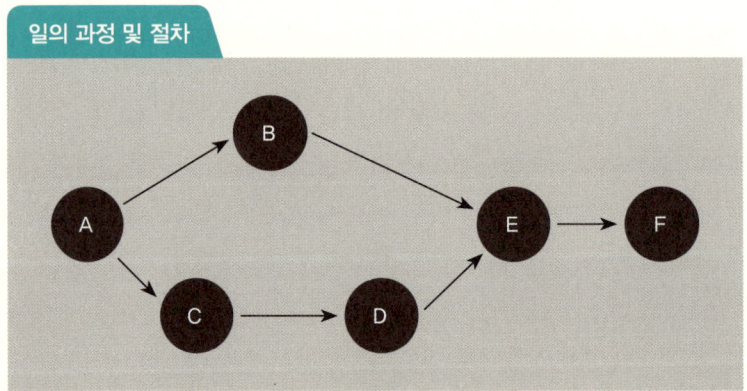

일의 과정 및 절차

다른 고양이 목에 방울을 달 것인가?

마지막으로, 보고서 작성을 지시받았다고 반드시 자신이 해야 하는 것은 아닙니다. 업무의 책임 범위를 먼저 생각해봅니다. 직장 상사들은 때로 부하 직원의 업무 범위를 잘 모르는 경우가 있습니다. 자신이 할 일이 아닌데도 잘못 짊어지고 끙끙 앓다가 담당하는 다른 직원에게 넘겨주게 되면 그 직원은 보고서 작성에 투여할 수 있는 시간이 줄어들게 됩니다. 그러면 임무를 빨리 넘겨주지 않은 여러분을 원망하게 되겠지요. 그러므로 '이 보고서를 내가 작성해야 하는가?'를 신속히 판단해야 합니다. 책임을 떠넘기라는 말이 아닙니다. 책임과 권한의 소재를 분명히 하자는 이야기지요. 그러나 생색나는 일은 자신이 하고 부담되는 일은 다른 직원에게 떠넘기는 일이 비일비재한 것이 씁쓸한 현실입니다.

보고서 작성을 지시받았을 때 확인해야 할 사항

- 제출 기한: 언제까지 제출해야 하나?
- 작성 분량: 얼마나 자세히 작성해야 하나?
- 작성 목적: 왜 해야 하는가?
- 우선순위: 무엇을 먼저 할 것인가?
- 소관 범위: 누가 할 일인가?

> 11-2
>
> ◆ 보고서 작성을 지시받고 앞에서 설명한 사항을 확인하였다. 주어진 내용에 대하여 글을 쓰기 전에 확인해야 할 사항은 무엇인가?

법과 규정에는 어떻게 되어 있는가?

첫째, 아무리 좋은 구상이라 할지라도 법과 규정에 위배되는 일을 할 수는 없습니다. 보고서 작성에 많은 노력을 들인 이후 법 또는 규정상 불가능하다는 사실을 알게 될 경우 모든 노력이 허사로 돌아갈 뿐만 아니라 신속한 의사 결정에 지장을 주게 됩니다. 어떤 사안이든 우선 법과 규정을 살펴 가능한지 알아봐야 합니다.

시간과 예산의 제약은 없는가?

둘째, 사업을 추진하는 보고서라면 일정 규모의 예산과 함께 사업 추진 기간을 확보할 수 있는지를 알아봐야 합니다. 물론 보고서 검토 과정에서 구체적인 예산과 시간이 조정되는 경우도 있습니다. 그럴 경우에도 먼저 대강의 예산과 추진 기간을 생각해본 후 분석이나 검토를 시작해야 합니다.

과거에는 어떠하였나?

셋째, 비슷한 문제를 과거에는 어떻게 검토했는지 알아봅니다. 주요한 문제일수록 과거에도 비슷한 고민이 있었을 것입니다. 선행 연구와 업무 연혁을 확인해보는 작업은 중요합니다. 과거 선배들도 바보는 아니었습니다. 그렇다고 과거를 답습하라는 이야기는 아닙니다. 과거의 토대 위에서 이룩해야 할 일이 있습니다. 물론 새로운 기초 위에서 추진해야 하는 경우도 있겠지만 일반적으로 과거의 오류는 반면교사가 됩니다.

다른 곳에서는 어떠한가?

마지막으로 다른 곳에서는 유사한 문제를 어떻게 취급하고 있는지 살펴봅니다. 다른 곳에서 인식하는 문제와 내가 당면하고 있는 문제는 완전히 동일한지, 차이가 있다면 어떠한 차이가 있는지 알아봅니다. 그리고 공통된 부분에 더하여 차이 부분만 달리 반영할 수 있는지 알아봅니다. 비슷한 고민을 했던 선진국의 사례는 뒤따라가는 후발국이 시행착오를 되풀이하지 않도록 방지해줍니다. 찾을 수 있다면 외부 전문가의 의견도 많은 도움이 됩니다.

검토 보고서 작성 시 먼저 확인해야 할 사항

- 법과 규정에는 어떻게 명시되어 있는가? (불가하면 즉시 보고)
- 일정 규모의 돈과 추진 기간을 확보할 수 있는가? (예산·시간의 제약과 조정)
- 비슷한 문제에 대해 과거에는 어떻게 검토하였는가? (업무 연혁)
- 다른 곳에서는 비슷한 문제를 어떻게 취급하고 있는가? (선진국 사례 등)

11-3

◆ 다음 명제에 [O/X]로 답하시오.
☐ 모든 보고는 직장 상사가 시켜서 하는 일과 자발적으로 하는 일의 두 가지로 나누어볼 수 있다.

때가 되면 해야 하는 일들

보고서 작성과 관련해 한 가지 더 추가하자면, 이미 정해져 있어 아무도 시키지 않고 본인도 굳이 하고 싶은 욕심이 없지만 때가 되면 해야 하는 일이 있습니다. 바로 정기적으로 해야 하는 일입니다. 이 일은 대부분 생색이 나지 않지만, 혹시 잊어버리게 되면 사후적으로 반드시 문제가 생깁니다. 나아가 아무도 관심 갖지 않을 일을 확인해야 합니다. 남들이 생각하지 못했던 일을 하면 빛나게 되지만, 마땅히 해야 할 일을 소홀히 하면 문제가 생기기 마련입니다. 익숙해지기 전까지는 정기 보고일을 달력에 표시해 둡시다.

12. 단어: 어휘의 힘

12-1

◆ 다음 명제에 [O/X]로 답하시오.
☐ 다양한 어휘를 사용하는 편이 좋다.

집을 짓기 위한 다양한 벽돌

보고서는 문단으로 이루어지고, 문단은 문장으로, 문장은 단어로 구성됩니다. 보고서는 결국 다양한 어휘에 의해 풍부해집니다. 동일한 표현을 반복해 사용하면 읽기 지루해집니다. 예를 들어 '2017년 경제 전망'에서 '국제 유가는 ~로 전망되며, 곡물 가격은 ~로 전망되며, 비철금속은 ~로 전망된다'라고 일률적으로 표현하면 지루하게 느껴집니다. 이 경우 '전망'을 '예상'이나 '예측'처럼 동일하거나 비슷한 의미를 가지는 단어로 바꿔줄 필요가 있습니다. 그러나 비슷한 말은 어디까지나 비슷할 뿐입니다. 엄밀한 의미의 차이에 유의해야 합니다.

비슷한 어휘의 예

- 생각하다 / 판단하다 / 고려하다 / 감안하다
- 전망하다 / 예상하다 / 추정하다 / 예측하다
- 분석하다 / 계상하다 / 검토하다 / 연구하다
- 말하다 / 이야기하다 / 주장하다 / 설명하다 / 의견을 제시하다
- 시행하다 / 조치하다 / 추진하다 / 집행하다 / 진행하다
- 나열하다 / 늘어놓다 / 병렬하다
- 과도하다 / 지나치다 / 너무하다 / 초과하다
- 확인하다 / 점검하다 / 알아보다

12-2

◆ 다음 명제에 [O/X]로 답하시오.

☐ 명사를 지나치게 나열하지 않게 주의하여야 한다.

명사의 나열

글쓰기 공부에서 가장 먼저, 또 가장 중요하게 강조하는 사항이 '글을 간결하게 써야 한다'는 점입니다. 그러나 이에 대해 강박관념을 가질 필요는 없습니다. 예를 들어 '중장기 발전 방안 마련 토론회 개최에 있어서'와 같은 문장은 이어주는 말없이 명사가 나열되어 딱딱한 느낌을 줍니다. 이 경우 최소한 '중장기 발전 방안 마련을 위한 토론회를 개최함에 있어서'와 같이 단어를 보충하는 편이 오히려 가독성을 높여줍니다.

12-3

◆ 다음 명제에 [O/X]로 답하시오.

☐ 전문용어의 사용은 가급적 자제하는 편이 좋다.

전문용어와 풀어 쓰기

보고서에는 전문용어를 사용해야 합니다. 그렇지 않으면 뜻이 명료하지 않게 되며 간단한 말이 길어지게 됩니다. 물론 풀어 써야 할 때도 있습니다. 전문용어의 미로에서 헤매다가 점점 늪으로 빠지는 상황을 방지하기 위해서입니다. 그러나 이때도 무조건 본문에 풀어 쓰기보다는 '참고' 등에서 쉽게 풀어 설명하는 방식이 좋습니다.

한편 하나의 보고서 내에서는 전문용어를 사용할 때 동일한 표현을 사용해야 합니다. 보고서를 읽는 사람이 여러 가지 용어에 익숙하지 않을 수 있으므로 다른 개념으로 착각할 수 있기 때문입니다. 예컨대 '자금 결제'와 '대금 결제'는 의미가 비슷하지만 '지급 결제'는 다른 뜻이며, '통화안정증권'과 '통안증권'은 동일한 용어의 본딧말과 준말일 뿐입니다. 그러나 비슷한 용어들이 섞여 있으면 읽는 사람에게 혼동을 줄 수 있습니다. 전문적인 내용일수록 동일한 개념을 동일한 용어로 표현합시다.

12-4

◆ 다음 명제에 [O/X]로 답하시오.

☐ 이중 부정의 표현은 가급적 삼간다.
☐ '것'과 '~것이다'라는 표현은 가급적 다른 단어로 바꾸어준다.

부정의 부정

이중 부정의 표현은 가급적 삼가는 편이 좋습니다. 예를 들어 '~라고 아니할 수 없다' 등의 표현은 가급적 지양하고 '~라고 할 수 있다'라는 표현을 사용합시다.

공공의 적 '것'

자신이 쓴 글을 읽다 보면 자신도 모르게 '것'이라는 표현을 자주 사용하고 있음을 발견하게 됩니다. 명료한 의미를 전달하기 위해 '것'이라는 지시대명사를 삭제하고 다른 용어로 대체하는 편이 바람직합니다. 제5장 '수정 연습'에서 이에 대해 연습할 계획입니다. 물론 '것'이란 단어를 반드시 사용해야 할 때도 있습니다. 하지만 빈번한 등장을 막기 위해서는 '것'에 의식적으로 관심을 가져야 합니다. 다른 명사로 대체하기 어렵고 자주 반복될 때에는 '점', '편', '일' 등으로 다양하게 바꾸어 쓸 수 있습니다.

불필요한 표현

- 이중 부정 표현: (예) ~라고 아니할 수 없다.
- '~것': (예) 글을 쓰는 것, 증가하는 것
- 이중 수식어: (예) 예상치 못하게 갑작스러운
- 강조 의미의 수식어: (예) 아주, 매우, 상당히
- 접속어의 남용: (예) 그래서, 그런데 등의 빈번한 사용
- '들'(복수 명사): (예) OCED 국가들
- '의': (예) 통화 정책의 운용

13. 문장: 생각의 최소 단위

13-1

◆ 다음 명제에 [O/X]로 답하시오.

□ 보고서 문장은 간결하고 짧을수록 좋다. 단문이 계속 이어져야 한다.

짧은 글 이어주기

간결하고 짧은 문장은 핵심을 잘 전달합니다. 문장이 길어지면 미로 속에서 주어와 서술어를 일치시키기 어려워집니다. 제5장 '수정 연습'에서 다루겠지만, 긴 문장에서 주어와 서술어를 일치시키는 작업은 쉽지 않습니다. 반드시 일치시켜야겠다는 결심이 있지 않으면 자신도 모르게 그냥 넘어가게 됩니다. 복문과 중문에서는 주어와 서술어가 여러 수식어에 가려지기 때문입니다. 형용사는 명사의 적이고 부사는 동사의 적입니다.

따라서 접속사를 이용하더라도 짧은 글로 문맥을 이어가는 편이 바람직합니다. 그러나 짧은 글이 항상 바람직하다면 왜 숱한 보고서와 책들은 긴 복문이나 중문을 사용하고 있을까요? 이에 대해서는 '17. 상충: 갈등과 적용'에서 다루어보겠습니다.

> **단문, 중문, 복문**
>
> - 단문(單文, simple sentence)
>   - 주어와 서술어 관계가 한 번만 포함되어 있는 문장. 목적어, 보어 등을 덧붙일 수 있음. 아무리 긴 문장이라도 주어-서술어 관계가 한 번만으로 이루어짐. 짧은 글短文과는 다름.
>   (예) 철수는 모범적인 학생이다.
> - 중문(重文, compound sentence)
>   - 서로 대등한 단문들끼리 연결되어 있는 문장.
>   (예) 철수는 중학생이고 영희는 초등학생이다.
> - 복문(複文, complex sentence)
>   - 하나의 단문이 다른 단문에 대하여 종속적으로 연결된 문장. 하나의 단문이 다른 단문의 문장 성분으로 포함됨.
>   (예) 철수는 영희가 예쁘다고 생각한다.

13-2

◆ 다음 명제에 [O/X]로 답하시오.

☐ 수식어는 생략하더라도 주어는 생략할 수 없다.

주어의 생략

우리말에서 주어는 가끔 생략됩니다. 일상 언어 또는 소설, 감상문 등의 경우는 물론이고 금융·경제 보고서처럼 논리적인 글쓰기에서도 주어가 분명하다면 간단히 서술하기 위하여 주어를 생략할 수 있습니다.

13-3

◆ 다음 명제에 [O/X]로 답하시오.

☐ 결론은 신중할수록 좋다.

신중과 과감

완곡한 표현을 사용함으로써 신중하고 싶을 때가 있습니다. 예를 들어 "시장금리의 하방 압력이 증대될 가능성이 크지 않아 불가피하다고 판단될 경우 A 조치를 취할 수도 있겠지만, 이러할 경우에도 금융시장에서 부작용이 나타날 가능성을 면밀히 점검해보아야 하겠음"이라는 표현을 보면 안타까운 마음이 듭니다. 어쩔 수 없는 경우가 있다는 점은 인정하지만, 가급적 말을 복잡하게 하는 방식은 지양해야 합니다. 가능한 한 결론을 명확하게 하면서 과감하게 자신의 주장을 펴야 합니다.

14. 체계: 구상의 설계

14-1

◆ 다음 명제에 [O/X]로 답하시오.

☐ 정책보고서는 일반적으로 (1) 문제 제기 (2) 현황 또는 동향 (3) 분석 결과 또는 문제점 (4) 결론, 정책적 시시점 또는 정책 방향 지시 등으로 구성된다.

체계에 대한 인식

정책보고서의 체계는 (1) 일기 예보의 필요성 (2) 하늘의 흐린 정도 (3) 비가 올 때의 문제점 (4) 우산을 준비해야 한다는 대책 등으로 구성됩니다. 이에 더하여 전체를 아우르는 개요 또는 요약을 보고서 앞부분에 놓을 수 있습니다.

그러나 모든 금융·경제 보고서가 이러한 형식을 취하지는 않습니다. 강조할 부분이 있으면 그 부분에만 중점을 둘 수도 있지요. 이러한 구성 체계에 바탕을 두면서 어디를 강화하고 어디를 축소해야겠다고 생각하면 보고서를 편하게 작성할 수 있습니다.

또한 이러한 체계를 갖추면서도 각 부분에서 결론이나 시사점을 분명하게 앞으로 내세우는 두괄식을 활용하도록 노력해야 합니다. 서술 방식뿐 아니라 요약과 소제목의 활용 등은 이러한 노력에 도움을 줍니다.

체계의 구성(1)

- 문제의 제기: 주제의 시의성, 검토 배경 및 연구 목적 등
- 현황 / 동향: 자료 수집 및 통계자료 등
- 분석 결과 / 문제점: 계량 분석 및 논리 전개 등
- 결론: 정책적 시사점 및 정책 방향 제시 등

14-2

◆ 다음 명제에 [O/X]로 답하시오.
☐ 소제목을 많이 사용해 내용을 자주 구분하는 편이 좋다.

구분을 위한 소제목

소제목은 전체 내용을 구분하면서 해당 단락을 요약하기도 합니다. 소제목을 너무 많이 배치하면 글이 지나치게 잘리는 느낌을 주지만 작성 과정에서는 구분된 범위 내로 내용을 한정할 수 있어서 다른 내용과 뒤섞이지 않는다는 이점도 있습니다. 그러므로 작성 과정에서는 소제목을 많이 넣어 구분하여 쓰되, 완성 단계에서는 불필요한 소제목을 삭제하면서 문장을 연결시키는 방식이 좋습니다.

14-3

◆ 다음 명제에 [O/X]로 답하시오.
☐ 보고서 체계에서 '개요'는 '개황' 또는 '요약'으로 바꾸어 쓸 수 있으며 '현황'은 '동향'으로 대체할 수 있다.

개요, 개황, 요약, 현황, 동향

'개요'는 보고서 전체를 위에서 조감하는 내용이며, '개황'은 '개요'와 비슷하지만 아우르는 대상이 '현황' 또는 '동향'임을 나타냅니다. '개요'와 '개황'의 내용은 보고서 본문 순서내로 쓸 필요가 없습니다.

예를 들어 본문 전체를 매트릭스로 구성하여 본문은 가로로 서술하고 '개요' 또는 '개황'은 관점을 바꾸어 세로로 표현할 수 있습니다. 오히려 가로, 세로를 바꾸어 서술하는 방식을 추천합니다. 개요 또는 개황이 본문 순서와 같으면 읽기 지루해질 수 있습니다.

한편 '요약'은 본문 내용의 순서를 지켜가며 간단히 정리한 글을 말합니다. 그리고 '현황'은 현재 모습을 중심으로 서술되는 반면 '동향'은 시간을 가지고 흘러간 움직임을 표현하는 데 중점을 둡니다.

이제 앞서 4단계로 요약했던 '체계의 구성(1)'을 세밀하게 정리해 봅시다. 비슷한 말이 많습니다. 일부는 동의어일 수도 있지만 일부는 의미가 차이 나는 유사한 말입니다. 이러한 구성은 주제와 형식에 따라 달라질 수 있습니다.

14-4

◆ 다음 명제에 [O/X]로 답하시오.
□ '검토 배경'과 '문제의 제기'는 같은 뜻이다.

검토 배경과 문제의 제기

앞에서 살펴보았던 '체계의 구성(1)'을 '체계의 구성(2)'로 세밀하게 정리해 보았습니다. 비슷한 말이 많은데, 일부는 동의어일 수도 있지만 일부는 의미에 차이가 있는 유사한 말입니다. 예를 들어 '검토 배경'과 '문제의 제기'는 비슷하지만 '검토 배경'은 검토할 만한 문제점이 드러나 있다는 의미를 내포하고 있는 반면, '문제의 제기'는 겉으로는 문제점이 없는 듯하지만 문제가 있으므로 드러낸다는 의미를 지닙니다.

> **체계의 구성(2)**
>
> Ⅰ. 서론, 검토 배경, 문제의 제기 / 개요, 개관, 개황
> Ⅱ. 현황, 동향
> Ⅲ. 문제점, 분석 결과
> Ⅳ. 정책 과제, 추진 과제
> Ⅴ. 추진 방안, 추진 방향, 의사 결정 대안, 개선 방향, 개선 방안, 기본 방향, 세부 추진 방안, 대응 전략
> Ⅵ. 기대효과, △△에 미치는 영향
> Ⅶ. 결론, 시사점, 종합 판단, 평가

> **14-5**
>
> ◆ 다음 명제에 [O/X]로 답하시오.
> ☐ 추진 방향과 추진 방안은 동의어라고 볼 수 있다.

방향과 방안

'추진 방향'과 '추진 방안'은 비슷한 뜻이라고 볼 수 있지만 '추진 방안'이 '추진 방향'보다 더 구체적인 내용을 담고 있습니다. '개선 방안'과 '개선 방향' 등 비슷한 예를 많이 들 수 있지요. 두 가지 표현

이 따로 사용된다면 상관없으나 하나의 보고서에서 같이 사용된다면 의미 차이를 염두에 두어야 합니다.

14-6

◆ 다음 명제에 [O/X]로 답하시오.
□ 정책 또는 전략을 추진하기 위한 보고서에는 기대효과가 반드시 포함되어야 한다.

기대효과의 산정

기대효과를 비교적 정확하게 산정할 수 있다면 당연히 정책 또는 전략 방안 뒤에 포함되어야 합니다. 그러나 대부분의 경우 기대효과를 계산해내기 어렵습니다. 만일 기대효과를 계량적으로 산출해낼 수 없다면, 기대효과에 대한 서술은 서론이나 검토 배경 등에서 제시한 목적과 비슷해집니다. 무엇을 하려던 목적이 결국 기대되기 때문이지요. 그러므로 보고서 앞에 나와 있는 목적 등과 중복된다면 기대효과를 삭제하는 편이 낫습니다.

14-7

◆ 다음 명제에 [O/X]로 답하시오.
□ 보고서는 활용 목적과 조사 방식에 따라 조사보고서, 분석보고서, 연구보고서, 검토보고서, 동향보고서 등 여러 가지로 구분할 수 있으며 작성 방식도 조금씩 다르다.

보고서의 구분

조사보고서와 분석보고서는 정책 과제와 시사점을 도출한다는 점에서는 유사하나 분석보고서는 영향 분석에 상대적으로 중점을 둡니다. 연구보고서에는 보다 학술적인 이론 및 실증 연구가 포함되어야 하며, 검토보고서는 주로 내부 보고서를 일컫는 말입니다. 동향보고서는 금융시장 및 경제활동의 단순 동향을 보고하는 보고서로 대개 정기적으로 작성됩니다. 기타 보도자료 등은 외부의 시선을 의식해 문제를 야기할 만한 부분은 생략하면서 간략하게 작성합니다.

그러므로 각 보고서는 '체계의 구성(2)'에 나오는 'Ⅰ. 서론~Ⅶ. 결론'까지를 모두 포함할 필요 없이 주제에 따라 달리 선택하여 쓸 수 있습니다.

보고서의 유형

- 조사보고서: 현황과 정책 과제
- 분석보고서: 영향 분석, 정책적 시사점 등
- 연구보고서: 이론 및 실증 연구 포함
- 검토보고서: 정책 및 경영 관련 사항 등에 대한 내부 검토
- 동향보고서: 주중/월중/연중 경제 동향
- 기   타: 보도(참고/해명)자료, 연설문, 기고문 등

> **한국은행 7대 보고서**
> - 연차보고서
> - 통화신용정책보고서
> - 금융안정보고서
> - 경제전망보고서
> - 지역경제보고서
> - 인플레이션보고서
> - 지급결제보고서

> **14-8**
> ◆ 다음 명제에 [O/X]로 답하시오.
> □ 일반적으로 금융·경제 보고서 작성 시 두괄식을 선호하나 경제동향 보고서 작성 시에는 미괄식을 선호한다.

먼저 드러내기와 나중 드러내기

보고서 작성 시에는 일반적으로 두괄식을 선호합니다. 검토 시간 제약 등을 고려하여 결론을 먼저 제시하지요. 보고서를 읽는 사람은 바쁘고 피곤하므로 '우선 결론이 무엇이냐?'를 알고 싶어 합니다. 그다음에 '왜 그런가?'를 물어봅니다.

그러므로 'A입니다. 왜냐하면 a, b, c, d이기 때문입니다'라고 해야 합니다. 'a, b, c, d이기 때문에 A입니다'라고 써서는 안 됩니다. 'a, b, c, d'라는 말이 너무 길어져서 결론이 A인지 B인지 궁금해지기 때문입니다.

> **두괄식과 미괄식의 활용**
>
> - 두괄식: 의사 결정 대안 제시
> - 미괄식: 현황 및 동향에 대한 분석 의견 제시

요약으로 먼저 드러내기

주로 경제 현황과 추이를 서술하는 일반적인 경제동향보고서에서는 의사 결정과 관련한 내용이 제시되는 경우가 거의 없으므로 생각하는 순서대로 작성합니다.

다만 이 경우에도 전체 상황의 내용을 축약해 나타낼 수 있는 개요나 요약을 앞부분에 간략하게 제시함으로써 긴 글을 읽기 전에 전체를 파악할 수 있도록 하고 있습니다. 예들 들어 최근 경기침체의 주요 요인에는 A, B, C가 있다는 점을 미리 밝힌 후 A, B, C 각각에 대한 상세한 내용을 이어 기술하는 방식도 전체를 먼저 인식하게 할 수 있으므로 좋습니다.

다음의 '고용 및 임금'이라는 보고서의 내용을 읽어보면 두괄식이나 미괄식 서술 방식이 끼어들 틈이 없습니다. 다만 제목 밑에 '취업자 수 완만한 증가세'라고 고용 및 임금 현황의 특징을 먼저 표현하고 있습니다.

고용 및 임금

취업자 수 완만한 증가세

취업자 수는 경기 회복세 약화 등으로 연간 34만 명 늘어나는 데 그쳐 전년의 53만 명에 비해 증가 폭이 축소되었다. 산업별로 보면 제조업 취업자 수는 자동차, 금속 가공 및 가구 업종을 중심으로 15만 6000명 늘어나 2010년 이후 가장 큰 증가 폭을 나타내었다. 그러나 서비스업 취업자 수는 금융·보험업의 구조조정과 도소매, 음식·숙박 등 전통 서비스업의 부진으로 25만 명 늘어나는 데 그쳐 예년 증가 폭(30만 명)을 하회하였다. 한편 건설업 취업자 수는 2만 7000명 증가하였으며 농림어업은 10만 7000명 감소하였다.

14-9

◆ 다음 명제에 [O/X]로 답하시오.

☐ 논리를 원활하게 서술하기 위하여 줄거리에서 벗어나는 자세한 설명과 참고 사항은 삭제한다.

참고의 독립

본문 내용을 다 채우고 나면 논리를 연결시키는 데 긴요하지 않은 정보를 빼냅니다. 그러나 그 정보가 본문의 내용을 자세히 설명하거나, 이해에 도움이 되는 사례를 제시하거나, 복잡한 계산식으로 본문에 대한 증거를 제시하는 경우에는 삭제하기 아쉬울 때가 많습니다. 이럴 때에는 비핵심 사항에 대한 설명을 각주, 참고, 부록 등으로 첨부하는 방식을 고려해야 합니다. 관련 정보들을 글상자에 넣어서 〈참고 1〉, 〈참고 2〉 등으로 처리하면 좋습니다. 줄거리를 명쾌하게 서술해야 하지만 이에 대한 풍부한 참고 자료가 필요할 수 있기 때문이지요.

간단한 각주의 다양한 용도

'각주'는 의견을 뒷받침하는 관련 설명, 인용에 대한 출처, 단서 조항 외에도 많은 용도로 활용됩니다. 그러므로 일반적으로 알려진 개념을 설명하기 위해 굳이 '참고'의 형식을 동원할 필요는 없습니다. 간단한 내용은 각주로 처리하는 편이 훨씬 간편합니다. 단, 각주는 지나치게 길지 않아야 합니다. 그렇지 않으면 '참고' 또는 '부록'이 됩니다.

참조 사항

- 각주: 필요 단어에 *, 1) 등의 표시를 하고 문장 아래에 설명
- 참고: 본문 내 별도 글상자 형태로 필요 사항을 설명
- 부록: 본문 뒤에 별도로 필요 사항을 설명

※ 길이: 각주 < 참고 < 부록

15. 시각화: 보이지 않는 것들의 실상

> **15-1**
>
> ◆ 다음 명제에 [O/X]로 답하시오.
>
> □ 읽고 이해하는 보고서가 아니라 보고 이해하는 보고서를 만들어야 한다.

보기 좋은 떡

보고서는 디자인을 염두에 두고 시각적으로 호소해야 합니다. 보고받는 사람은 언제나 바쁘고 피곤합니다. 글로만 이루어진 보고서를 보면 지루하게 느낄 수 있습니다. 그림과 표를 넣거나 글씨 크기를 조절하고 글씨체, 굵기, 색깔, 밑줄 또는 기호(□, ◎, ➡, §, ※, ★ 등)를 이용합니다. 보기 좋은 떡이 먹기도 좋습니다.

먹기 좋은 떡

시각적 글쓰기는 보기에 좋을 뿐 아니라 내용 이해를 도와줍니다. 표란 숫자가 들어가는 통계표만을 의미하지 않습니다. 글을 정리하여 그림이나 표로 정리할 수 있는 기술이 있으면 보고서를 쉽게 시각화하여 작성할 수 있습니다. 제1장 '준비 운동'에서 짧게나마 이를 경험한 바 있습니다. 글을 보기만 하면 어떻게 표로 만들 수 있을지 생각하는 습관을 가집시다. 이는 제5장 '수정 연습'에서 훈련해볼 예정입니다.

시각적 글쓰기

- 표제, 중간제목, 소제목으로 자극을 줌
- 기호와 여백으로 표현을 강조
- 번호 활용
- 글자의 굵기, 색깔, 바탕색(하이라이트) 등으로 표현
- 글보다 그림을 활용
- 지나친 시각화는 역효과를 초래

15-2

◆ 다음 명제에 [O/X]로 답하시오.
□ 개조식 보고서는 간단히 정리하여 핵심을 드러내기 위해 사용한다.

핵심을 드러내라

'개조식個條式'이란 문장 앞에 여러 기호 등을 활용하고 문장의 어미를 간단하게 만들거나 생략하여 보고서를 간략하게 만드는 방식을 말합니다. 보통 내부 검토용 보고서는 개조식으로 작성되며, 대외 발간물은 서술식敍述式으로 작성되지요. 또한 개조식은 현장에서 이루어지는 짧은 검토에, 서술식은 조사 연구에 많이 이용된다고 볼 수 있습니다.

내부 보고서

정부, 공공기관, 일반 회사 등 모든 조직은 내부 검토가 많으므로 개조식 보고서가 주를 이룹니다. 그런데 글쓰기 측면에서 보면 개조식 보고서도 기본 방식과 주의할 점 등이 서술식 보고서와 비슷합니다. 다만 개조식으로 작성하면 □, -, ◇, ○ 등의 기호가 문장의 위상을 표현해줌으로써 생각의 구조가 시각적으로 분명하게 드러납니다.

개조식 글쓰기에서 주의할 점

- 생각의 구조를 더욱 체계적으로 드러내야 함
- 문장의 기호(□, -, ◇, ○ 등)를 일관되게 사용하여야 함
- 시제를 분명히 표현하여야 함(~하였음, ~할 계획임 등)

개조식 글쓰기의 예

I 원화 환율

□ 2016년 3/4분기 말 원/달러 환율은 1101.3원으로 전 분기 말 (1151.8원) 대비 50.5원 하락[4.6% 절상]

  ○ 분기 중 평균은 1120.3원으로 전 분기(1163.3원)보다 43.0원 하락 [3.8% 절상]

□ 원/엔 환율(100엔당)은 1092.7원으로 전 분기 말(1121.9원) 대비 29.2원 하락[2.7% 절상]

  ○ 분기 중 평균은 1094.0원으로 전 분기(1078.2원)보다 15.8원 상승 [1.4% 절하]

□ 원/위안 환율은 164.55원으로 전 분기 말(172.88원) 대비 8.33원 하락[5.1% 절상]

  ○ 분기 중 평균은 167.83원으로 전 분기(177.70원)보다 9.87원 하락 [5.9% 절상]

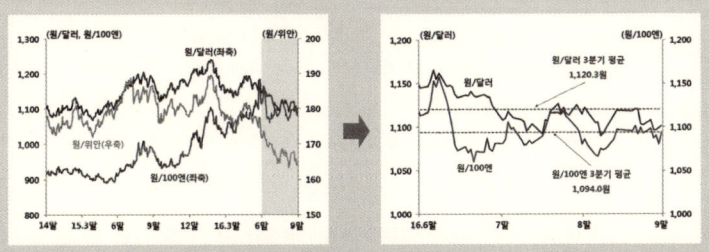

원/달러·원/엔·원/위안 환율 추이

□ 분기중 원/달러 환율 추이를 살펴보면

  ○ 7월 중에는 브렉시트(Brexit) 결정으로 높아졌던 시장 불안 심리가 진

정된 데다 완화적으로 평가된 FOMC 결과 등이 가세하여 큰 폭 하락(6월 말 1151.8원 → 7월 말 1120.2원)

○ 8월 중에도 글로벌 위험 선호 심리 지속, 국가 신용등급 상향 조정(8월 7일 S&P, AA- → AA) 등으로 하락세를 이어가다가 미 연준 고위 인사들의 매파적 발언 등으로 하락 폭을 축소(8월 말 1114.8원)

○ 9월 들어서는 미국의 경제지표 부진 등으로 연중 최저인 1090.0원(9.7일)까지 하락 후 FOMC를 앞두고 일시 반등하였다가 미 연준의 점진적 금리 인상 기대 등으로 재차 하락(9월 말 1101.3원)

| II | 원/달러 환율 변동성 |

□ 2016년 3/4분기 중 원/달러 환율의 일중 변동 폭 및 전일 대비 변동 폭(각각 7.2원 및 6.0원)은 전 분기(각각 7.7원 및 6.5원)에 비해 모두 축소

○ 일중 변동률 및 전일 대비 변동률(각각 0.64% 및 0.53%) 또한 전 분기(각각 0.66% 및 0.56%) 대비 축소

원/달러 환율 변동성 추이
(기간 중 평균)

(원, %)

		2013	2014	2015	2016					
					1/4	2/4	3/4	7월	8월	9월
일중	변동폭[1]	5.2	4.9	6.6	8.2	7.7	7.2	6.3	7.5	7.7
	변동률[2]	0.47	0.46	0.58	0.68	0.66	0.64	0.55	0.67	0.70
전일 대비	변동폭[3]	3.7	3.5	5.3	6.5	6.5	6.0	5.3	6.7	5.9
	변동률[4]	0.34	0.33	0.47	0.54	0.56	0.53	0.46	0.60	0.53

주: 1) 일중 최고가 – 일중 최저가   2) [(일중 최고가 – 일중 최저가)/당일 평균 환율] × 100
    3) 금일 종가 – 전일 종가   4) [(금일 종가 – 전일 종가)/전일 종가] × 100

15-3

◆ 통계표 안에서 다음 기호를 발견하였다. 무슨 의미인가?

[0]   [−]   [··]   [r]   [p]   [e]   [△]

통계표에 나타난 기호

통계표를 보면 위의 기호들이 빈칸 또는 숫자의 위 첨자로 표시되어 있습니다. 각 기호는 아래와 같은 의미를 가지니 그냥 넘어가지 말고 익혀두면 통계표를 이해하는 데 도움이 됩니다. 예를 들어 숫자 위에 'p'가 있으면 잠정치라는 뜻입니다. 그러므로 다음 통계 발표 시점에는 'p'가 없어지면서 아래 숫자가 확정치로 달라져 있을 테지요.

기호의 의미

기호	의미
[0]	단위 미만(0 포함)
[−]	해당 사항 없음
[··]	미상(알 수 없음)
[r]	정정(revised)
[p]	잠정치(preliminary)
[e]	추정치(estimated)
[△]	시계열의 비연속

15-4

◆ 다음 설명에 따른 그래프를 그려보시오.
☐ 2016년 1/4분기 중 통화량(M2)의 증가 폭은 줄어들었다.
☐ 금월 청년 실업률 하락 폭은 지난달에 비해 확대되었다.

규모와 비율의 변동

움직이는 현상에 대한 표현을 익혀봅시다. 통화량, 대출금 규모, 설비투자액 등 규모 변동과 국채금리, 환율, 주가, 외국인 투자 비중, 연령대별 실업률 등 비율 변동을 나타내는 표현을 익혀봅시다. 규모의 경우 증가 폭 확대/축소, 감소 폭 확대/축소로 설명하며, 비율의 경우 상승 폭 확대/축소, 하락 폭 확대/축소로 표현하거나 상승세 강화/약화, 하락세 강화/약화로 표현합니다.

규모	증가 폭 확대	증가 폭 축소
비율	상승 폭 확대 상승세 강화	상승 폭 축소 상승세 약화

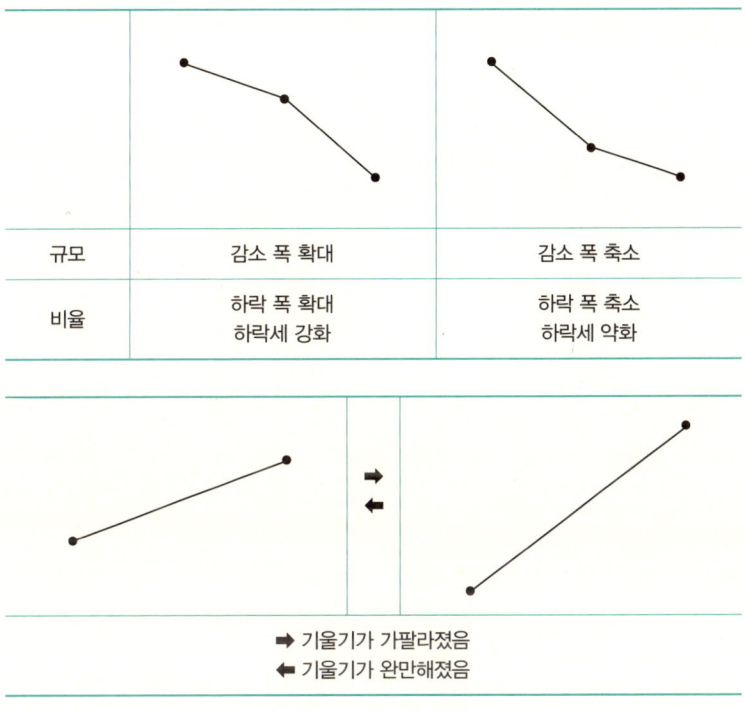

16. 퇴고: 밀거나 두드리거나

16-1

◆ 다음 명제에 [O/X]로 답하시오.

□ 한 번에 완성되는 글쓰기는 없다. 반드시 고쳐 써야 한다.

태산이 높다 하되

생각나는 대로 써내려가서 한 번에 끝내는 글쓰기가 가능하다면 천재의 산물입니다. 보고서 쓰기란 첫째, 생각나는 대로 쓴 후 보고서를 읽는 사람의 시선으로, 둘째, 문장 표현을 가다듬는 방향으로, 셋째, 구체적인 서술 후 종합하는 시각으로 여러 번 고쳐 써야 합니다. "고치고 또 고치면 못 고칠 리 없건만 사람이 제 아니 고치고 뫼만 높다하더라."

남의 글처럼 여기기

남의 글이라고 생각하고 과감하게 손을 댈수록 퇴고는 잘됩니다. 남의 잘못은 눈에 잘 띄기 마련입니다. 바둑이나 장기에서 훈수 두는 사람의 자세를 가져봅시다. 어떤 글이든 오류는 숨어 있으며 수정하면 조금씩 나아지는 부분이 반드시 있습니다. 전혀 다른 시각으로 접근하면, 문장 속에 파묻혀 있을 때는 보이지 않던 글이 새롭게 보이기 시작합니다. 제3자의 입장에서 보지 않으면 어떠한 글이든 자신이 쓴 이유와 배경이 있기 때문에 스스로 합리화하게 됩니다. 밤 새워 쓴 글은 노력이 배어 있어 지우기 아깝습니다. 보고서를 읽을 독자의 눈으로 돌아와 다양한 시각으로 읽어봅시다. 소리 내어 읽어보는 방법도 좋습니다. 운율이 맞는 글이 잘 읽히며, 어색한 부분은 읽다가 마음에 걸리기 마련입니다.

쉬는 시간 갖기

퇴고하기 전에는 자신이 쓴 글에 대한 감을 지우기 위해 쉬는 시간을 가질 필요가 있습니다. 새롭게 걸어가는 마음가짐이 긴요합니다. 달리 말하면 내용을 숙성시키는 과정이라고 할 수 있습니다. 컴퓨터나 원고지 앞에 앉아 고민하지 않아도 머릿속에서는 잠재의식이 대신 노동을 하고 있습니다. 커피를 마시거나 친구와 대화하다 보면 새로운 생각이 솟아납니다. 정색하고 마주하면 보이지 않던 오류들이 '힘을 빼면' 보입니다. 모든 운동의 기본은 힘을 빼는 것입니다.

다른 사람의 눈을 빌려서 보기

어느 정도 퇴고되어 자신이 생기면 다른 사람에게 보여주는 것도 좋습니다. 읽다가 이해가 안 되는 부분이 있다면 물어볼 것이고, 느낌을 얘기해줄 것이며, 명백한 오류를 잡아주기도 하지요. 나아가 다른 시각으로 새로운 아이디어를 찾아줄 것입니다. 전문적인 내용은 해당 분야의 전문가에게 조언을 구해야 하겠지요. 또한 토론을 통해 서로의 생각을 교환하다 보면 보고서가 훨씬 좋아집니다.

16-2

◆ 다음 명제에 [O/X]로 답하시오.

☐ 글은 쓰기보다 지우기가 더 어렵다.

고쳐 쓰는 아픔

가장 어려운 점은 자신이 쓴 글 뭉텅이를 스스로 잘라내는 일입니다. 오랜 시간 공 들여 써내려간 문장을 삭제하는 쓰라림은 몸의 일부를 도려내는 아픔과 같습니다. 많은 사람이 버리는 행동을 망설입니다. 그러나 퇴고에서 가장 중요한 부분은 새로운 내용을 추가하는 데 있지 않고 써놓은 글을 삭제하는 데 있습니다. 추가 정보를 주지 않는 글은 없애버리겠다는 냉철한 시각으로 찾아나서야 불필요한 부분을 없앨 수 있습니다.

17. 상충: 갈등과 적용

17-1

◆ 다음 명제에 [O/X]로 답하시오.
☐ 글쓰기의 기준은 일관된 지침을 제공한다.

쇠뿔 vs 돌다리

앞에서도 밝혔듯이 글쓰기의 '기준'에는 일관성이 없는 경우가 있습니다. 이러할 때 기준은 우리에게 유용하지 않습니다. 그렇다면 지금까지 설명했던 바는 무엇이란 말입니까? "아는 것이 힘이다"와 "모르는 것이 약이다" 그리고 "쇠뿔도 단김에 빼라"와 "돌다리도 두

드려보고 건너라"라는 속담은 유용한 정보지만, 지금이 '쇠뿔'과 가까이할 때인지 '돌다리'와 가까이할 때인지는 알려주지 않습니다. 안타까운 일입니다. 살아오면서 이러한 일들을 무수히 경험했듯이 글쓰기에서도 갈등 상황에 부딪히게 됩니다. 글쓰기가 어려운 이유는 일관된 기준을 마련하여 적용하기 어렵다는 데 있습니다. 그러므로 글쓰기는 과학이 아니라 기술art입니다.

17-2

◆ 다음 명제에 [O/X]로 답하시오.

☐ 글은 간략하게 쓰고 긴 복문은 지양한다.

단문短文 vs 긴 복문複文

문장은 핵심 내용을 잘 전달할 수 있도록 군더더기 없이 간결하고 짧은 문장이 좋다고 앞서 강조했습니다. 그러나 짧은 문장만 계속되면 유려한 전달을 방해합니다. 또한 짧은 문장으로만 쓰려면 접속사가 많이 필요합니다. 그러므로 짧게 작성하되 필요한 곳에서만 접속사로 이어줍니다.

단문과 단문을 이어주는 데 접속사가 반드시 필요하지는 않습니다. 문장의 흐름 속에서 생략된 접속사를 이해할 수 있습니다. 접속사를 생략함에 따라 문장들은 생기를 띠게 되며 독자는 문장 사이에서 상상력을 발휘할 수 있습니다.

그리고 때때로 단문 사이에 복문을 배치하여 문장과 문장의 연결에 리듬감을 부여하도록 합니다. 논리적으로 구성할 때는 짧게 쓰기 어려운 경우가 있는데, 이때 억지로 짧게 쓰기 위해 수고할 필요는 없습니다.

아래는 복문을 만들어주는 표현들입니다. 외울 만큼 익혀서 필요할 때 자연스럽게 쓸 수 있도록 합시다. 글쓰기에 자신이 생깁니다.

단문의 접속

- 그리고, 그러나, 그런데, 그렇지만, 그러므로, 또, 또한, 아울러, 더욱이, 한편, 반면, 특히

중문과 복문의 구성

- ~하는 가운데, ~하면, ~하면서, ~하는 데다, ~함에 따라, ~하는 한편, ~함과 아울러, ~함에도 불구하고, ~한 반면, ~하는 경우, ~할 때

17-3

◆ 다음 명제에 [O/X]로 답하시오.

☐ 글은 압축적으로 쓰지 말고 자연스럽게 풀어 써야 한다.

압축 vs 풀어 쓰기

"보고서는 한 장으로 써야 한다!"는 주장이 있습니다. 아무리 복잡한 내용도 한 페이지로 요약할 수는 있겠지요. 세부 내용은 참고 자료로 작성해 뒤로 돌리면 됩니다. 그러나 상황을 설명하는 보고서라면 압축하는 데 한계가 있으며 참고에 많은 내용이 들어갈 수밖에 없습니다.

반면 "보고서는 고등학생이 읽어도 알 수 있도록 자연스럽게 풀어 써야 한다"라는 주장도 있습니다. 쉽게 쓸수록 바람직하다는 의견에는 동의합니다. 그러나 통화승수, 자본수지, 듀레이션뿐 아니라 GDP, 통화량, 자본구조 등 전문용어를 풀어 쓴다면 지면과 시간을 낭비하게 됩니다.

두 주장 모두 옳다고 양보하더라도 하나의 보고서에서 압축적으로 쓰면서 자연스럽게 풀어 쓰는 일이 가능할까요? 저는 불가능하다고 생각합니다. 다만 보고서의 종류에 따라 또는 독자 수준에 따라 압축적으로 쓸 것인지, 아니면 풀어서 쓸 것인지 선택할 수는 있겠지요.

17-4

◆ 다음 명제에 [O/X]로 답하시오.

☐ 반복되는 글은 반드시 생략해야 한다.

중복 vs 간략

"중언부언 앞에서 한 말을 또 하고 되풀이하는 보고서를 써서는 안 된다!" 백번 지당한 말입니다. 간결한 글쓰기의 중요성은 더 이상 강조할 수 없을 정도입니다.

중복 표현은 간결한 글쓰기를 방해하지만, 글쓰기에서 반복이 전혀 없을 수는 없습니다. '강조'에 필요하기 때문입니다. 반복은 효과적인 강조의 방식입니다. 다만 중요하지 않은 부분이 반복된다거나 동일한 옷을 입고 나타난다면 '어! 앞에서 나온 이야기인데' 하고 지루해질 수 있습니다. 핵심 주제를 강조하기 위해서 모습을 바꾸어 재등장시킬 필요가 있습니다.

일반적으로 세 번 정도는 반복해줘야 분명하게 전달된다고 합니다. '할 얘기는 A이다', 'A 얘기를 하는 배경은 이것이다', '결론은 A이다' 등으로 체계에 어울리게 표현 방식을 달리한다면 지루하게 들리지 않고 '강조'로 기억됩니다. 빠르게 읽다 보면 핵심을 지나치기 쉽습니다. 그래서 때로는 강조를 위한 반복이 필요합니다. 반복을 자연스럽게 만드는 일도 글쓰기의 기술입니다.

17-5

◆ 다음 명제에 [O/X]로 답하시오.

☐ 전문용어는 가급적 일반 어휘를 사용하여 풀어 쓰는 편이 좋다.

전문용어 사용 vs 풀어 쓰기

금융·경제 보고서에서 전문용어를 다양한 표현으로 풀어 쓰면 내용의 엄밀함이 떨어지고 설명이 길어질 수 있어 전문용어를 사용해야 합니다. 금융·경제 보고서는 어느 정도 해당 분야의 전문가들이 읽으므로 전문용어를 그대로 사용하되 각주, 참고, 부록 등에서 쉽게 풀어 설명합시다. 또한 전문용어는 보고서 전체에서 같은 용어를 써야 합니다. 같은 뜻을 가진 다른 용어는 독자가 착각할 수 있습니다. 물론 일반 대중을 상대로 하는 보고서에서는 용어에 따라 풀어 쓰기를 고려해야 합니다. 결국 전문용어를 얼마나 사용할지는 보고서를 읽는 독자의 이해 수준에 달려 있습니다.

17-6

◆ 다음 명제에 [O/X]로 답하시오.
☐ 평범한 글쓰기를 거부하고 독창적인 글쓰기를 해야 한다.

평범 vs 독창

당연히 독창적인 글쓰기가 좋습니다. '평범'과 '독창'은 선택의 문제가 아니며 글을 오래 써온 사람에게도 독창적인 글쓰기는 어렵습니다. 형식이 아닌 내용의 문제이기 때문입니다. 독창적인 글쓰기를 위해 사실과 다른 내용이나 이상한 형식을 취하는 것을 경계해야 합니다. 차라리 평범한 글쓰기가 무난한 대접을 받을 수 있습니다.

대립되는 기준과 고려 사항

	일반 기준	고려 사항
단문 vs 복문	단문	단문 연결: 가능한 한 접속사 생략
압축 vs 풀어 쓰기	압축 또는 풀어 쓰기	보고서 종류에 따라 다름
중복 vs 간략	간략	간략하게 쓰되 강조를 위한 중복 허용
전문용어 vs 풀어 쓰기	풀어 쓰기	전문용어를 사용 (동일 용어 사용으로 다양한 표현 배제) 다만 일반 대중 대상일 경우 풀어 쓰기 고려
평범 vs 독창	독창	독창적 쓰기가 바람직하나 어려움 이상하게 쓰기보다는 평범하게 쓰는 편이 나음

17-7

◆ 다음 명제에 [O/X]로 답하시오.

☐ 보고서 작성자마다 글의 표현은 다를 수밖에 없다.

개성의 공통요소

대부분의 글은 쓰는 사람의 개성을 드러냅니다. 그러나 결재 단계를 밟아가는 보고서의 경우 각 단계에 있는 사람들이 가진 개성의 공통요소만 남게 됩니다. 압축적 글쓰기와 유려한 글쓰기의 방식 등은 수렴되며 최종 결재권자의 선호에 좌우되는 경우가 많습니다. 보고서 작성자는 결재권자의 글쓰기 취향을 반영해야 하며, 상급자는 글쓰기의 개성을 하급자에게 강요하지 말아야 합니다.

제5장

수정 연습

고치기 연습도 글쓰기를 익히는 방식 중 하나입니다. 밑에 나와 있는 설명을 바로 보지 말고 직접 손을 움직여 수정해봅시다. 답을 스스로 써보지 않고 설명을 먼저 본다면 발전이 없습니다. 반복 훈련을 하면 제시된 문제에서 오류를 쉽게 발견할 수 있습니다. 나아가 자신이 글을 쓸 때 이러한 오류를 되풀이하지 않을 수 있습니다.

  근처 어느 장소에 보물이 숨어 있다고 알려준다면 쉽게 찾을 수 있지만, 특정하지 않을 경우 찾기 어렵습니다. 업무량이 많을 경우 어디에 폭탄이 숨어 있는지 발견해내기 어렵습니다. 제한된 분량의 문제로 연습해봅시다.

18. 연습(1): 문장과 문단

18-1

◆ 다음 문장을 수정하시오.

□ 경기의 움직임은 기업 활동과 개인의 일상생활에 커다란 영향을 미치므로 각 경제 주체는 경기 동향에 매우 큰 관심을 갖게 된다.

□ 금융위기를 극복하기 위하여 정부의 재정정책과 중앙은행의 통화신용정책 운용은 매우 중요한 것으로 보인다.

존재의 의의: 추가 정보의 제공

'추가 정보를 주지 않는 단어는 없어져야 한다'는 명제를 되새깁시다. 모든 문장에서 단어 하나하나를 읽어보면서 군더더기 말을 삭제합니다. 그 말이 없어도 문장이 충분히 이해된다면 아직 불필요한 말이 남아 있다는 뜻입니다. 나뭇가지를 치워야 숨어 있는 보석이 드러납니다.

불필요한 수식어 삭제

첫 문장에서 삭제할 수 있는 말들을 찾아봅시다. 부사와 형용사는 많은 경우 삭제할 수 있습니다. 물론 강조하고 싶으면 그냥 둘 수도 있지만, 강조가 반복되면 강조가 될 수 없습니다. 적절한 강조가 필요합니다.

두 번째 문장의 '정부의 재정정책과 중앙은행의 통화신용정책'에서 재정정책은 당연히 정부가 시행하고 통화정책은 당연히 중앙은행이 시행하므로 굳이 시행 주체가 문장 속에 존재할 필요가 없습니다. 지워버릴 부분을 표시하면 다음과 같습니다.

> □ 경기의 움직임은 기업 활동과 개인의 **일상생활**에 **커다란** 영향을 미치므로 각 경제 주체는 경기 동향에 <u>매우 큰</u> 관심을 갖게 된다.
>
> □ 금융위기를 극복하기 위하여 **정부의** 재정정책과 **중앙은행의** 통화신용정책 운용은 매우 중요한 것으로 보인다.

18-2

> ◆ 다음 문장을 수정하시오.
>
> □ 채권시장 금리는 전일 2.5%에서 금일 2.25%로 0.25% 하락하였다.
>
> □ 회사채(5년물, AAA) 금리는 전일 3.05%에서 금일 3.25%로 큰 폭 증가하였다.
>
> □ 일반적 기대와 달리 미 달러화는 연준의 금리 인상 이후 주요 통화 대비 약세를 나타내었다.
>
> □ A기업은 설비투자액을 전년 1000억에서 금년도 3000억으로 확대하였다.

비율 변동의 표현

첫 문장을 보면, 먼저 채권시장 금리가 무엇인지 불명확합니다. <u>금리의 종류는</u> 다양합니다. 채권금리도 국채 3년물 금리 또는 회사채 5년물 금리 등을 명시해주어야 합니다. 또한 금리에는 반드시 시간 개념이 포함돼 있어야 하므로 '연' 2.5%라고 기간을 나타내야 합니다. 그리고 비율의 차이는 퍼센트포인트(%p)로 나타냅니다. 2.5%에서 2.25%로 하락했으면 0.25%p 하락했다고 표시해야 합니다. 위의 문장을 뒤에서 새로 써봅시다.

변동 폭과 상대성

두 번째 문장에서 변동 폭에 대한 표현을 살펴봅시다. 규모의 변동은 증가와 감소, 비율의 변동은 상승과 하락으로 표현합니다. 누가 이렇게 쉬운 용어를 모를까요? 알고 있지만 대부분 숙달되어 있지 않습니다. 수영할 때 팔다리를 동시에 움직여야 한다고 알고는 있지만 마음대로 되지 않는 것과 마찬가지입니다. 위의 문장에서 금리는 '증가'하지 않고 '상승'하여야 합니다.

한편 '큰 폭'은 어느 정도를 말할까요? 일반적인 관행과 부서의 공통된 기준을 업무 과정에서 숙지해야 합니다. 금리가 낮은 수준을 지속할 때와 높은 수준을 지속할 때 '큰 폭'의 정의는 달라지며 금리 변동 폭이 큰 시기와 작은 시기에 따라 '큰 폭'에 대한 인식이 달라지기도 합니다. 변화하는 경제 환경과 금융시장 상황은 글쓰기의 단어 선택에 영향을 줍니다. 반면 같은 여건하에서 동일한 변동 폭을 보더라도 시장 참가자나 정책 당국자는 자신의 입장에 따라 변동 폭을 다르게 인식할 수도 있습니다. 누구나 자기 입장에서 판단하기 마련이지만, 일관된 기준을 유지해야 합니다.

> **변동 수준과 움직임**
> - 수준: 미약하나마, 다소, 소폭, 상당 폭, 큰 폭, 크게, 대폭, 매우
> - 움직임: 감소 폭 확대, 증가 폭 축소, 성장세 둔화, 상승세가 가팔라짐

수식어의 순서

세 번째 문장을 읽어봅시다. 일반적으로 문장은 주어-서술어 관계를 유지합니다. 이때 수식어 '일반적 기대와 달리'는 꾸며주는 말 바로 앞에 오는 편이 좋습니다. 무엇을 수식하는지 분명히 해야 합니다. 한편 시간을 나타내는 어구인 '연준의 금리 인상 이후'는 전체를 수식해주기 위해 문장 앞에 놓여야 합니다.

화폐 단위 표시

네 번째 문장에서 틀린 부분을 찾기란 쉽죠. '1000억'과 '3000억'은 각각 '1000억 원'과 '3000억 원'으로 수정해야 합니다. '1000억'이 '1000억 달러'로 오해될 가능성을 생각해봅시다.

> ☐ 채권시장에서 국채(3년물) 금리는 전일 **연** 2.5%에서 금일 **연** 2.25%로 0.25%p 하락하였다.
> ☐ 회시채(5년물, AAA) 금리는 전일 3.05%에서 금일 3.25%로 큰 폭

제5장 **수정 연습**

상승하였다.
- 연준의 금리 인상 이후 미 달러화는 **일반적 기대와 달리** 주요 통화 대비 약세를 나타내었다.
- A기업은 설비투자액을 전년 1000**억 원**에서 금년도 3000**억 원**으로 확대하였다.

18-3

◆ 다음 문장을 수정하시오.

- 경제 성장과 물가를 안정시키기 위해서는 경제 정책의 운영이 중요함
- 2016년 이후 물가 안정 목표를 현행 2.5~3.5%에서 2.0%로 수정하였음
- 투자 전략에는 a, b, c 및 d 그리고 e가 포함되어야 함

구와 절의 형식 통일

첫 문장에서 병렬로 배치되어 있는 말이 구(句)와 절(節)의 다른 형식으로 동시에 나오지 않도록 합시다. 따라서 '경제 성장과 물가를 안정시키기 위해서는'이란 표현을 '경제를 성장시키고 물가를 안정시키기 위해서는'이라는 절로 통일해줍시다. 또는 '경제 성장과 물가 안정을 위해서는'이라는 구의 표현으로 맞춰주어야 합니다.

종전과 현행 그리고 수정과 변경

두 번째 문장을 봅시다. 보고서에서 '종전'과 '현행'을 헷갈려하는 경우가 흔한데, 현재 시점에서 현재와 과거를 구분해야 합니다. 또한 '수정'과 '변경'의 혼동도 우리가 흔히 저지르는 실수입니다. '수정'에는 '과거에 잘못되었다'라는 뜻이 있는 반면 '변경'은 '현재 이전의 것은 이제 더 이상 유효하지 않다'라는 단순한 뜻을 강조합니다. 그러므로 위 문장은 '2016년 이후 물가 안정 목표를 종전 2.5~3.5%에서 2.0%로 변경하였음'으로 바꿔야 합니다. 현 시점에서 2.5~3.5%는 이미 과거이므로 '현행'이 아닌 '종전'으로 수정했습니다.

병렬 표현

위에서 'a, b, c 및 d 그리고 e'라는 표현은 적절치 못합니다. 병렬 항목은 차원과 복잡성 정도에 따라 쉼표(,), '및', '와', '그리고' 순으로 구분해야 합니다. 그러므로 위 문제에서는 'a, b, c, d 및 e'로 간단하게 표현하면 좋습니다. 참고로 복잡한 나열의 예로 '사자, 호랑, 코끼리 및 얼룩말 등의 포유류와 독수리, 부엉이, 타조 등의 조류 그리고 악어, 도마뱀 등의 파충류'라는 표현을 살펴봅시다. 여기서 '및', '와', '그리고'가 나오는 순서를 눈여겨봅시다.

☐ 경제를 성장시키고 물가를 안정시키기 위해서는 경제 정책의 운영이 중요함 / 경제 성장과 물가 안정을 위해서는 경제 정책의 운영이 중요함

□ 2016년 이후 물가 안정 목표를 **종전** 2.5~3.5%에서 2.0%로 **변경**하였음

□ 투자 전략에는 a, b, c, d 및 e가 포함되어야 함

18-4

◆ 다음 문장을 수정하시오.

□ 전체 인구에서 고령 인구가 차지하는 비율은 점점 커지고 있음

□ OECD 국가들의 통화정책의 운용을 조사해보면, 아래와 같은 특징을 나타내고 있음

규모와 비율

앞서 설명했듯이 '고령 인구가 차지하는 비율' 등의 변동은 '크다/작다'로 표현하지 않고 '상승/하락'으로 표현해야 합니다. 아울러 '작다'와 '적다'의 의미도 구분합시다.

단수와 복수

두 번째 문장을 읽어봅시다. 우리글은 복수명사를 엄격하게 표시하지 않고 간단하게 표시합니다. 위 문장에서 'OECD 국가들'은 'OECD 국가'로 수정해 '들'을 생략할 수 있습니다. 우리는 OECD에 여러 나라가 가입해 있다는 사실을 이미 알고 있으니까요.

소유격의 생략

'의'라는 표현도 생략하는 것이 바람직합니다. 여러 글에서 '의'가 습관적으로 반복 사용되고 있습니다. 굳이 '의'가 일본식 표현에서 유래하였다는 점을 강조하지 않더라도 한 글자라도 더 생략할 수 있다면 남아 있는 단어들이 더 돋보이기 때문에 불필요한 '의'는 생략하는 것이 좋습니다. 더욱이 앞에 'OECD 국가들의'에서 이미 '의'가 나와 있군요. 따라서 '통화정책의 운용'은 '**통화정책 운용**'이라고 줄일 수 있습니다. 그러나 'OECD 국가들의'라는 표현에서 '의'는 생략할 수 없습니다. 그렇게 되면 'OECD 국가 통화정책 운용'이라는 명사의 나열이 되어 표현이 딱딱해집니다.

> ☐ 전체 인구에서 고령 인구가 차지하는 비율은 점점 **상승하고** 있음
> ☐ OECD **국가의 통화정책 운용**을 조사해보면, 아래와 같은 특징을 나타내고 있음

도로 주행

꼭 집어서 이야기하면 '누가 그걸 몰라!'라고 하지만, 복잡한 문장들 속에서 잘못된 부분을 발견하는 작업은 쉽지 않습니다. 우리의 눈은 체계, 문단, 문장, 단어, 그림 등 여러 가지를 동시에 바라보면서 내용도 확인해야 하기 때문입니다. 자동차 운전법을 익혔더라도 처음 도로 주행에 나서면 바뀌는 신호등, 건너오는 사람, 옆에서 끼

어드는 차량, 뒤에서 바짝 따라붙는 오토바이 등에 주의를 기울이기 쉽지 않습니다. 따라서 단순히 '이래야 한다!'는 경구에 그치지 않고 다양한 사례를 경험하며 도로 운전과 글쓰기를 훈련해야 합니다.

18-5

◆ 다음 '국내 경제 동향 보고'를 수정하시오.

국내 경제를 살펴보면, 수출이 일시적 요인으로 증가하였다. 또한 내수는 완만하나마 개선 움직임을 이어간 것으로 판단된다. 한편 설비투자는 자동차 구입 및 항공기 도입이 줄면서 큰 폭 감소하였다. 그러나 건설투자는 아파트 분양 물량 호조 등으로 증가하였다. 그리고 제조업 생산은 휴대폰 신제품 출시 효과, 자동차 부품 생산 호조 등으로 증가하였다. 그러나 서비스업 생산은 5개월 연속 증가 후 도소매 및 금융·보험을 중심으로 조정하였다. 아울러 고용 면에서는 취업자 수가 증가하면서 고용률이 전년 동월 대비 상승하였다. 반면 실업률은 하락하였다.

이어주기와 끊어주기

못을 쓰지 않고 나무 이음새를 맞추어 지으면 좋은 한옥이라고 합니다. 마찬가지로 가급적 접속사를 쓰지 않고 문장과 문장을 연결할 수 있으면 좋은 글이지요. '그리고'와 '그러나'가 없으면 안 될 것 같지만 전체 흐름으로 이해할 수 있습니다.

이제 위 문장에서 이어주는 말들을 표시해봅시다. 접속사가 지나치게 많다는 사실을 확인할 수 있습니다.

국내 경제 동향 보고

국내 경제를 살펴보면, 수출이 일시적 요인으로 증가하였다. **또한** 내수는 완만하나마 개선 움직임을 이어간 것으로 판단된다. **한편** 설비투자는 자동차 구입 및 항공기 도입이 줄면서 큰 폭 감소하였다. **그러나** 건설투자는 아파트 분양 물량 호조 등으로 증가하였다. **그리고** 제조업 생산은 휴대폰 신제품 출시 효과, 자동차 부품 생산 호조 등으로 증가하였다. **그러나** 서비스업 생산은 5개월 연속 증가 후 도소매 및 금융·보험을 중심으로 조정하였다. **아울러** 고용 면에서는 취업자 수가 증가하면서 고용률이 전년 동월 대비 상승하였다. **반면** 실업률은 하락하였다.

접속사의 생략

짧은 문장을 유지하는 가운데 일부는 복문으로 만들어주면 훨씬 좋아집니다. 다음을 읽어봅시다.

국내 경제 동향 보고

국내 경제를 살펴보면, 수출이 일시적 요인으로 증가하였<u>으며</u>, 내수는 완만하나마 개선 움직임을 이어간 것으로 판단된다. 한편 설비투자는 자동차 구입 및 항공기 도입이 줄면서 큰 폭 감소하였<u>으나</u> 건설투자는 아파트 분양 물량 호조 등으로 증가하였다. 제조업 생산은 휴대폰 신제품 출시 효과, 자동차 부품 생산 호조 등으로 증가<u>한 반면</u>, 서비스업 생산은 5개월 연속 증가 후 도소매 및 금융·보험을 중심으로 조정하였다. 고용 면에서는 취업자 수가 증가하면서 고용률이 전년 동월 대비 상승하였<u>으나</u> 실업률은 하락하였다.

18-6

◆ 다음 '해외 경제 동향 보고'를 정리하시오.

미 연준의 연내 정책금리 인상 가능성은 지난달보다 높아진 것으로 평가된다. 미국 경제의 회복세가 지속되면서 연준 내 정책금리 인상에 대한 컨센서스가 강화되는 모습을 보였다. 재할인율 인상 필요성을 제기하는 지역 연준의 견해가 꾸준히 증가하였는데 다수의 연준 인사가 정책금리 인상 가능성에 대해 언급하였다. 금융시장에서도 정책금리 인상 기대가 높아졌으나 작년 12월 인상 시와 비교해볼 때 9월 인상 기대는 상대적으로 낮은 상황이다. ECB의 경우 통화정책 완화 정도를 추가 확대할 가능성이 있는 것으로 평가된다. 금융시장에서는 ECB가 9월 수정 경제 전망 결과에 따라 통화정책 완화 정도를 조정할 것으로 전망하고 있다. 투자은행들은 정책금리 인하보다는 양적완화의 기간 연장이나 매입 대상 확대를 예상하고 있다. 일본은행은 엔화 강세와 낮은 물가상승률이 지속될 경우 완화 정도를 추가 확대할 가능성이 있다. 지난 8월 구로다 총재는 필요 시 양적·질적 금융완화 및 마이너스 정책금리를 활용할 수 있는 정책 여력이 충분하다는 입장을 표명하였다. 이에 따라 금융시장은 양적완화의 제약 등을 고려할 때 당좌예금 금리의 추가 인하 또는 마이너스 대출금리 신규 도입 등을 활용할 가능성이 있는 것으로 예상하고 있다.

문단의 구분

위 글은 하나의 단락으로 되어 있어 너무 길기 때문에 먼저 단락을 나눠야 합니다. 한군데 뭉쳐 있으면 눈에 잘 들어오지 않지요. 여기서는 '미 연준', 'ECB', '일본은행'의 세부분으로 구성되어 있다는 점을 어렵지 않게 알 수 있기 때문에 나누기 쉽습니다. 구분된 문단에 소제목을 붙일 수도 있습니다.

소제목 부여

각 문단에 '1. 미 연준', '2. ECB', '3. 일본은행'이라고 간단하게 소제목을 붙일 수 있습니다. 또는 조금 더 친절하게 '1. 미 연준의 정책금리 인상 기대 상승', '2. ECB의 통화정책 완화 추가 확대 전망', '3. 일본은행의 통화정책 완화 추가 확대 전망'이라고 할 수도 있습니다. 이렇게 하면 소제목만 보고도 다음에 나올 내용을 미리 알 수 있어 좋습니다. 그러나 이번 문제의 경우 소제목 바로 뒤에 전체 내용을 요약하는 문장이 나오기 때문에 친절한 소제목과 중복될 수 있습니다.

해외 경제 동향 보고

1. 미 연준

미 연준의 연내 정책금리 인상 가능성은 지난달보다 높아진 것으로 평가된다. 미국 경제의 회복세가 지속되면서 연준 내 정책금리 인상에 대한 컨센서스가 강화되는 모습을 보였다. 재할인율 인상 필요성을 제기하는 지역 연준의 견해가 꾸준히 증가하였는데 다수의 연준 인사가 정책금리 인상 가능성에 대해 언급하였다. 금융시장에서도 정책금리 인상 기대가 높아졌으나 작년 12월 인상 시와 비교해볼 때 9월 인상 기대는 상대적으로 낮은 상황이다.

2. ECB

ECB의 경우 통화정책 완화 정도를 추가 확대할 가능성이 있는 것으로 평가된다. 금융시장에서는 ECB가 9월 수정 경제 전망 결과에 따라 통화

정책 완화 정도를 조정할 것으로 전망하고 있다. 투자은행들은 정책금리 인하보다는 양적완화의 기간 연장이나 매입 대상 확대를 예상하고 있다.

3. 일본은행

일본은행은 엔화 강세와 낮은 물가상승률이 지속될 경우 완화 정도를 추가 확대할 가능성이 있다. 지난 8월 구로다 총재는 필요 시 양적·질적 금융완화 및 마이너스 정책금리를 활용할 수 있는 정책 여력이 충분하다는 입장을 표명하였다. 이에 따라 금융시장은 양적완화의 제약 등을 고려할 때 당좌예금 금리의 추가 인하 또는 마이너스 대출금리 신규 도입 등을 활용할 가능성이 있는 것으로 예상하고 있다.

18-7

◆ 다음 금융·경제 보고서 제목을 보고 수정 의견을 제시하시오.

☐ 최근 국제 금융시장의 동향은 어떠한가?

☐ 첨단 산업 기술은 발전되어야 한다.

제목의 선정

금융·경제 보고서는 책, 신문기사 또는 칼럼이 아닙니다. 제목을 잘 정하여 독자의 호기심을 자극해야 한다는 강박관념을 가질 필요가 없습니다. 의문형 제목을 단 저명한 논문도 있긴 하지만 대가大家의 논문이 아닌 일반 보고서에서는 되도록 삼가는 편이 좋습니다. 주제가 아닌 소재를 제목으로 내세우는 경우도 있지만 일반적이지는 않습니다. 보고서 제목 붙이기는 전체 내용을 최대한 요약하여

한 줄로 압축하는 작업입니다. 제목만 보고도 무엇에 대한 이야기인지 알 수 있게 해야 합니다.

18-8

◆ 다음 문장을 수정하시오.

금융기관의 연결대차대조표를 통하여 작성한 통화지표는 경제 주체가 금융기관을 매개로 하여 경제 행위를 한 결과를 나타낸 것이라고 볼 수 있으므로 통화가 어떤 경제 주체에게 얼마나, 어떠한 금융자산 형태로 공급되었는가에 대한 원인 분석이 필요하게 된다.

간략한 서술

우선 문장이 너무 깁니다. '볼 수 있으므로' 뒤에서 끊어서 두 문장으로 만들어봅시다. 연결된 두 문장에서 생략되어 보이지 않는 주어를 추정해보면 '작성한'의 주어는 '한국은행'이고, '볼 수 있으므로'의 주어는 '우리'이며, '원인 분석이 필요하게 된다'의 주어 역시 '우리'입니다. 문장이 길고 복잡해지면 문장을 나누면서 주어와 서술어가 일치하는지 의식적으로 확인해야 합니다.

금융기관의 연결대차대조표를 통하여 작성된 통화지표는 경제 주체가 금융기관을 매개로 경제 행위를 한 결과를 나타낸 것이다. 어떤 경제 주체에게 얼마나, 어떠한 금융자산 형태로 통화가 공급되었는가에 대한 원인 분석이 필요하다.

> 18-9
>
> ◆ 다음 문장을 수정하시오.
>
> □ 제조업 업황 BSI의 경우 1998년 경기저점, 2002년 경기저점 모두 1~2분기 선행하는 것으로 나타난 반면, 소비자심리지수의 경우 소비자의 경기 침체에 대한 불안 심리가 고조되었던 1998년 경기저점에 대해서는 1분기 후행하는 모습을 볼 수 있다.
>
> □ 2016년 1~2월 중 수도권 경기는 회복세가 둔화한 것으로 조사하였다. 생산 측면에서 제조업 생산은 소폭 감소된 반면 서비스업 생산은 보합 수준을 보였다.

주어-서술어의 불일치와 능동태-수동태의 정리

첫 번째 문장을 읽어보면, 앞 문구의 서술어는 '나타난 반면'이고 뒤 문구의 서술어는 '볼 수 있다'입니다. 이에 대응하는 앞 문구의 주어는 '제조업 업황 BSI'이지만, 뒤 문구의 주어는 '소비자심리지수'가 아니라 생략된 '우리는'으로 보아야 합니다. 한 문장에서 동일한 구조를 가진 앞뒤 문구의 주어가 서로 상이합니다. 이를 일치시켜야 합니다.

두 번째 문장의 앞 문장은 능동태, 뒤 문장은 수동태입니다. 이를 수동태로 통일해줍니다. 능동태가 일반적으로 바람직하지만, 우리 글에서 수동태는 종종 사용됩니다.

□ 제조업 업황 BSI의 경우 1998년 경기저점, 2002년 경기저점 모두 1~2분기 선행하는 것으로 나타난 반면, 소비자심리지수의 경우 소비자의 경기 침체에 대한 불안 심리가 고조되었던 1998년 경기저점에 대해서는 1분기 후행하는 모습을 **보였다**.

□ 2016년 1~2월 중 수도권 경기는 회복세가 둔화**된** 것으로 조사**되었다**. 생산 측면에서 제조업 생산은 소폭 감소**한** 반면 서비스업 생산은 보합 수준을 보였다.

18-10

◆ 다음 문장을 수정하시오.

주택 매매 가격(말월 기준)은 4.4% 상승하여 전년보다 오름 폭이 크게 확대되었다. 이는 정부의 부동산 규제 완화, 저금리 등의 영향으로 주택 매수 심리가 호전된 데다 높은 전세 가격으로 매매전환 수요가 늘어났다. 지역별로 보면 수도권에서는 재건축 규제 완화 등으로 오름세가 확대되었으나, 비수도권에서도 대구, 광주 등 개발 호재 지역을 중심으로 높은 오름세가 지속되었다.

여러 가지 불일치 문제

두 번째 문장을 읽어보면 '이는 ~ 늘어났다'로 되어 있어 주어-서술어가 호응하지 않습니다. 또 세 번째 문장의 '수도권에서는 ~ 오름세가 확대', '비수도권도 ~ 오름세가 지속'은 동일한 방향을 나타내고 있으므로 '확대되었으나'가 아닌 '확대되었으며'로 연결해야 합니다.

참고로 '말월 기준'이란 표현에서 주택 매매가격에 대한 보고서가 연중, 반기 중 또는 분기 중 기준으로 작성되었음을 알 수 있습니다. '말월 기준'은 이러한 기간의 마지막 월의 말 기준으로 작성되었다는 뜻입니다. 이를 '월말 기준'의 오타로 여기는 일은 없어야 합니다.

주택 매매 가격(**말월 기준**)은 4.4% 상승하여 전년보다 오름폭이 크게 확대되었다. 이는 정부의 부동산 규제 완화, 저금리 등의 영향으로 주택 매수 심리가 호전된 데다 높은 전세 가격으로 매매전환 수요가 <u>늘어난 데 주로 기인하였다</u>. 지역별로 보면 수도권에서는 재건축 규제 완화 등으로 오름세가 <u>확대되었으며</u>, 비수도권에서도 대구, 광주 등 개발 호재 지역을 중심으로 높은 오름세가 지속되었다.

18-11

◆ 다음 문장을 수정하시오.

☐ 외국인 투자자의 매수 규모가 확대되면서 채권금리는 하락하였다.

수요와 공급의 이동

특별히 잘못된 부분을 찾기 어렵지만 문장을 다시 한 번 꼼꼼히 읽어봅시다. 외국인 투자자가 채권을 매수하였는데 규모가 이전보다 확대되었다면, 누군가 확대된 규모만큼 채권을 매도했을 테지요. 예컨대 국내 기관투자가가 동일 규모만큼 채권을 매도했을 수 있습니다. 수요와 공급은 사후적으로 항상 일치합니다. 수요와 공급 규모가 같은데 금리는 왜 하락했을까요? 이는 수요·공급 곡선상의 문제가 아닙니다. 수요 곡선이 우상향으로 움직이는 가운데 공급 곡선도 좌상향으로 움직이면서 채권 가격이 올랐기 때문입니다. 채권 가격과 금리는 반대 방향이므로 채권금리는 하락하게 되었지요. 즉, 매수 규모와 동일하게 매도 규모도 확대되었기 때문입니다. 다만 높은 가격으로, 즉 낮은 금리로 매수하려는 세력이 있었습니다. 따라서 '매수 규모가 확대되면서'가 아니라 '<u>매수세가 확대되면서</u>'로 고치는 편이 좋겠습니다.

수급에 영향을 미치는 거시변수

그런데 조금 더 나아가 보면, 수급으로 가격을 설명하려는 시도는 단편적 시각입니다. 외국인들의 채권 매수세 확대는 바꾸어 말하면 국내 기관투자자들의 매도세 확대라고 볼 수 있습니다. 외국인들이 시장에서 주도권을 잡았다면 왜 매수했을까요? 이 문장만으로는 알 수 없지만, 국내 경제의 성장세가 둔화될 조짐을 예상했다든지, 물가 상승이 둔화될 가능성에 좀 더 중점을 두었다든지, 국제 금융시장의 움직임을 먼저 포착했다든지 등 여러 이유가 있었을 테지요. 겉으로 드러난 매수 및 매도 규모로 동향을 설명하려는 시도를 지양하고 기저에 숨어 있는 요인을 찾아냅시다.

18-12

◆ 다음 문장을 수정하시오.

□ 순현재가치만을 기준으로 투자안을 결정하는 것을 경계해야 한다. 그것은 총 내부수익률을 고려하지 않는 것이라고 볼 수 있다.

'것'의 퇴치

학생들이나 신입 직원들의 보고서를 읽어보면 '것'이라는 단어가 상당히 자주 보입니다. 그런데 '것'은 가리키는 대상이 불명확할 때가 많을 뿐 아니라 반복되어 나타날 경우 어휘력이 빈약하다는 인상을 줍니다. 그러므로 이렇게 고쳐봅시다.

순현재가치 기준만으로 투자를 결정하는 **방식**을 경계해야 한다. 이는 총 내부수익률을 고려하지 않는 **전략**이라고 볼 수 있다.

18-13

◆ 다음 '있다', '없다'가 붙은 단어들의 띄어쓰기에 대해 [O/X]로 답하시오.

□ 우리 회사의 성장과 경쟁 회사의 성장은 관계 없었다.

□ 여러 가지 대책에도 불구하고 환경오염에 대한 우려는 변함 없었다.

□ 지역 경제를 살리기 위해 다양한 조치를 취하였으나 별 수 없었다.

□ 새로운 기술을 개발하기 위한 쓸모 없는 정책이 지속되었다.

제시된 단어들을 띄어쓰기에 맞게 쓰면 다음과 같습니다.

> - 우리 회사의 성장과 경쟁 회사의 성장은 **관계없었다**.
> - 여러 가지 대책에도 불구하고 환경오염에 대한 우려는 **변함없었다**.
> - 지역 경제를 살리기 위해 다양한 조치를 취하였으나 **별 수 없었다**.
> - 새로운 기술을 개발하기 위한 **쓸모없는** 정책이 지속되었다.

18-14

◆ 다음 문장들의 띄어쓰기에 대해 [O/X]로 답하시오.

- 남미 경제성장의 신화가 바람 같이 사라진 오늘날.
- 우리 회사는 상생협력의 마음으로 경쟁사와 같이 기술개발을 추진하였다.
- 경쟁사와 기술개발을 같이 했다.
- 사전에 고시한대로 조치하여야 한다.
- 경제 여건이 바뀌면서 공급 확대든 수요 억제든 정부 마음대로 되지 않았다.
- 위기가 임박하였는데 어떻게 하여야 할 것인가?
- 통화정책을 수행하는데 필요한 수단
- 자동차 산업은 이 번 분기도 전년 동기 만큼 성장하였다.
- 계획한 만큼 성과를 거두었다.

제시된 단어들을 띄어쓰기에 맞게 쓰면 다음과 같습니다.

☐ 남미 경제성장의 신화가 **바람같이** 사라진 오늘날. (조사)
☐ 우리 회사는 상생협력의 마음으로 경쟁사와 **같이** 기술개발을 추진하였다. (부사)
☐ 경쟁사와 기술개발을 **같이했다.** (동사)
☐ 사전에 고시한 **대로** 조치하여야 한다. (의존명사)
☐ 경제 여건이 바뀌면서 공급 확대든 수요 억제든 정부 **마음대로** 되지 않았다. (조사)
☐ 위기가 **임박하였는데** 어떻게 하여야 할 것인가? (어미)
☐ 통화정책을 수행하는 **데** 필요한 수단 (의존명사)
☐ 자동차 산업은 이 번 분기도 전년 **동기만큼** 성장하였다. (조사)
☐ 계획한 **만큼** 성과를 거두었다. (의존명사)

19. 연습(2): 체계와 제목

19-1

◆ 다음은 '우리나라 해양플랜트 산업의 현황과 발전 방안' 보고서 작성을 위한 체계이다. 수정 의견을 제시하시오.

Ⅰ. 검토 배경

Ⅱ. 해양플랜트 산업의 현황과 전망
   1. 현황
   2. 전망

Ⅲ. 해양플랜트 산업의 과제
   1. 엔지니어링 기반 부족

> 2. R&D 역량 및 전문기술인력 부족
> 3. 시험·인증 인프라 취약
> 4. 서비스 분야 진출 미흡
> Ⅳ. 해양플랜트 산업의 성장 동력화를 위한 정책 제안
>   1. 엔지니어링 및 R&D 역량 강화
>   2. 전문기술인력 양성 확대
>   3. 시험·인증 인프라 확충
>   4. 산업 다각화 지원

대응관계

제2장 '형식을 위한 수학'에서 살펴본 바와 같이 대응관계를 생각해봅시다. Ⅲ. 해양플랜트 산업의 과제는 '1. 엔지니어링', '2. R&D 역량 및 전문기술인력'으로 구성되어 있는 반면, Ⅳ. 해양플랜트 산업의 성장 동력화를 위한 정책 제안에서는 '1. 엔지니어링 및 R&D 역량', '2. 전문기술인력'의 차례로 되어 있습니다. 즉 'R&D 역량'의 위치가 바뀌어 있습니다. R&D 역량은 '엔지니어링'과 가까운 편일까요, 아니면 '전문기술인력'과 가까운 편일까요? 이유 없이 간에 붙었다가 쓸개에 붙어서는 체계가 흔들리게 됩니다. 전체 체계 속에서 각 항목은 더 밀접하게 연관된 쪽과 한편이 되어야 합니다.

인수분해 결과

다음으로 전체 체계를 인수분해 해보면 공통 요소로 '해양플랜트

산업'을 추출할 수 있습니다. 그러므로 차례를 'I. 검토 배경, II. 현황과 전망, III. 과제, IV. 정책 제안'으로 간략히 표현할 수 있습니다. '해양플랜트 산업'은 제목에서 전체를 아우르고 있습니다.

$y=ax+bx+cx+dx=(a+b+c+d)x$이므로 $\frac{y}{x}=a+b+c+d$입니다. x를 '해양플랜트'라고 할 때, x를 우변에서 좌변으로 이동시킬 수 있듯이, '해양플랜트'를 차례에서 빼서 제목으로 이동시킬 수 있습니다.

우리나라 해양플랜트 산업의 현황과 발전 방안

I. 검토 배경

II. 현황과 전망
  1. 현황
  2. 전망

III. 과제
  1. 엔지니어링 기반 부족
  2. R&D 역량 및 전문기술인력 부족
  3. 시험·인증 인프라 취약
  4. 서비스 분야 진출 미흡

IV. 정책 제안
  1. 엔지니어링 기반 확대
  2. R&D 역량 및 전문기술인력 양성 강화
  3. 시험·인증 인프라 확충
  4. 산업 다각화 지원

19-2

◆ '○○지역 사회적 금융 활성화 방안' 정책보고서의 차례를 수정하시오.

〈차례〉

1. 지역밀착형 금융기관의 참여 유도
2. 지역신용보증재단의 보증
3. 기금 조성 및 관계형 금융상품 개발
4. 사회적 금융 플랫폼
5. 사업 특성에 맞는 자금 배분
6. 사회적 금융 중개기관의 육성과 제도화

동사/명사 표현의 일관성

차례의 항목들이 명사 또는 동사로 끝나고 있는데, 이를 통일시켜 일관성을 유지할 필요가 있습니다. '1. 유도', '3. 개발', '5. 배분', '6. 제도화'는 동사 느낌으로 끝나는 반면 '2. 보증', '4. 플랫폼'은 명사 느낌으로 끝나고 있습니다. '2. 지역신용보증재단의 보증'은 '2. 지역신용보증재단의 보증 확대'로, '4. 사회적 금융 플랫폼'은 '4. 사회적 금융 플랫폼 구축' 등으로 바꿔주는 편이 어떨까요?

또 한 가지, '5. 사업 특성에 맞는 자금 배분'에서 '자금'은 기업 또는 금융기관의 자금이라고 볼 수 있는데, 이 경우 정부가 직접 자금을 배분할 수 없습니다. 이 경우 '자금 배분 유도'로 수정해야 합니다.

친구 관계의 확립

이 문제에 나타난 바로는 명확하게 알 수 없지만 '기금'과 '자금'이 동시에 사용되고 있습니다. '기금'은 중앙정부 또는 지방자치단체가 특정한 목적을 위해 특정한 자금을 신축적으로 운용할 필요가 있을 때에 한해 법률로써 설치되는 특정 자금을 뜻하는 말이며, '자금'은 일반적으로 현금 등 기업과 관련된 돈의 경제 가치를 통틀어 이르는 말입니다. 이러한 점을 고려해볼 때 '3. 기금 조성 및 관계형 금융상품 개발'이 왜 같은 번호를 달고 있는지 궁금해집니다. 차례의 다른 항목들은 그렇지 않은데 말이죠. 같은 그룹에 속하려면 다른 항목들보다 더 가까운 친구 관계가 성립되어야 합니다. 아니라면 별도의 번호로 나눠야 하겠지요.

○○지역 사회적 금융 활성화 방안

〈차례〉

1. 지역밀착형 금융기관의 참여 유도
2. 지역신용보증재단의 보증 **확대**
3. 기금 조성 및 관계형 금융상품 개발
4. 사회적 금융 플랫폼 **구축**
5. 사업 특성에 맞는 자금 배분 **유도**
6. 사회적 금융 중개기관의 육성과 제도화

19-3

◆ 다음은 '△△지역 기계산업의 현황과 발전 전략' 보고서 중 일부이다. 수정 의견을 제시하시오.

□ 기계산업 발전 전략을 제시함으로써 △△지역 경제의 활성화를 도모
  ㅇ 또한 우리나라 다른 지역에서도 동 방안을 참고할 수 있음

위상 정립

'△△지역 기계산업의 현황과 발전 전략'을 제시한 이유로 '△△지역 경제의 활성화'와 '다른 지역의 참고'를 들고 있으므로 두 가지 목적은 병렬 관계입니다. 따라서 두 번째 목적도 □로 표시해 첫 번째 목적과 같은 위상을 가져야 합니다.

□ 기계산업 발전 전략을 제시함으로써 △△지역 경제의 활성화를 도모
□ 우리나라 다른 지역에서도 동 방안을 참고할 수 있음

그런데 처음 문제에서는 왜 두 번째 문장을 'ㅇ 또한'으로 시작했을까요? 사실은 아래와 같은 보고서에서 윗부분만 가져왔던 것입니다.

□ 기계산업 발전 전략을 제시함으로써 △△지역 경제의 활성화를 도모
  ㅇ 또한 우리나라 다른 지역에서도 동 방안을 참고할 수 있음
□ 기계산업 발전 전략을 수립하기 위하여 산업계 및 학계 전문가들로 추진위원회를 구성

집합관계

위와 같은 경우에는 'O 또한'이 유지되어야 합니다. 왜냐하면 위의 □는 발전 전략 제시에 중점을 두고 있는 반면, 아래 □는 추진위원회 구성을 서술하고 있기 때문입니다. 두 번째 문장은 O로 시작되어 첫 번째 □ 밑에 들어감으로써 발전 전략 제시와 관련된 점을 이야기하고 있습니다. 만약 O가 □로 표현되었다면, 같은 그룹끼리 묶이는 집합의 기준에 어긋나게 됩니다.

그렇다면 다음과 같이 소제목을 붙여 정리하면 어떨까요?

---

1. 보고서의 목적

□ 기계산업 발전 전략을 제시함으로써 △△지역 경제의 활성화를 도모
  O 또한 우리나라 다른 지역에서도 동 방안을 참고할 수 있음

2. 전략 추진 방안

□ 기계산업 발전 전략을 수립하기 위하여 산업계 및 학계 전문가들로 추진위원회를 구성

소제목으로 집합관계를 나타냄

이 경우에는 전체 내용이 '보고서의 목적'과 '전략 추진 방안' 그룹으로 나뉘어 별도로 구분됩니다. 따라서 하나의 그룹에 속하는 첫 번째 문장과 두 번째 문장은 □과 O로 나뉠 필요가 없습니다.

> 1. 보고서의 목적
> □ 기계산업 발전 전략을 제시함으로써 △△지역 경제의 활성화를 도모
> □ 우리나라 다른 지역에서도 동 방안을 참고할 수 있음
>
> 2. 전략 추진 방안
> □ 기계산업 발전 전략을 수립하기 위하여 산업계 및 학계 전문가들로 추진위원회를 구성

20. 연습(3): 표와 그래프

20-1

> ◆ 글로벌 금융위기 발생 이후 주요국 중앙은행들의 비전통적 통화정책을 정리하였다. 이를 표로 정리하여 보고하시오.
>
> 2009년 말부터 2014년 6월 말까지 Fed는 A조치를 통해 예금은행을 대상으로 총 4조 달러를 지원하였음. 또한 ECB와 영란은행은 모든 금융기관을 대상으로 각각 3조 유로와 2조 파운드를 지원하는 B정책을 시행하였는데 그 기간은 각각 2010년 3월부터 2013년 9월까지 및 2011년 6월부터 2014년 6월에 걸쳐 시행하였음. 한편 일본은행은 예금은행을 대상으로 2008년 9월부터 2014년 3월 말까지 A정책을 취하면서 15조 엔을 지원하였음.

전체를 한꺼번에 이해하기

제4장 '작성 기준'에서 말씀드렸듯이 복잡한 내용일수록 한 페이

지가 모두 글자로만 채워져 있으면 읽기 지루합니다. 내용 중에 그림이나 표로 간단히 정리할 수 있는 부분이 있는지 생각해봅시다.

본인에게는 중요한 업무일지라도 상사 입장에서는 보고받는 여러 일 중 하나에 불과할 수 있습니다. 보고서를 읽는 일은 피곤합니다. '읽고' 이해하는 대신 '보고' 이해하도록 만듭시다. 위 내용을 표로 요약해보라고 하면 대체로 다음과 같은 표를 그립니다.

주요 선진국의 비전통적 통화정책

	기간	정책	금액	대상
Fed	2009년 말~2014년 6월 말	A	4조 달러	예금은행
ECB	2010년 3월~2013년 9월	B	3조 유로	모든 금융기관
영란은행	2011년 6월~2014년 6월	B	2조 파운드	〃
일본은행	2008년 9월~2014년 3월 말	A	15조 엔	예금은행

그러나 한눈에 알아보기에 아직 불편하다는 생각이 듭니다. 이를 다시 정리하여 다음과 같이 수정할 수 있습니다.

주요 선진국의 비전통적 통화정책

	기간						정책		금액	대상	
	2008	2009	2010	2011	2012	2013	2014	A	B		예금은행	모든 금융기관
Fed		←				→		○		4조 달러	○	
ECB			←			→			○	3조 유로		○
BOE				←		→			○	2조 파운드		○
BOJ	←				→			○		15조 엔	○	

위 표를 보면 어느 나라의 정책 시행 시점이 더 빠르고 느린지, 처음 조치가 시작된 나라는 어디인지, 조기에 종료한 나라가 어디인지 한눈에 알 수 있으며, 국가별 정책의 유사성과 차이점 등도 쉽게 파악할 수 있습니다. 세로축을 따라 국가별로 쉽게 비교할 수도 있으며, 가로축을 따라 기간별, 정책별 차이점 등을 알 수 있습니다. 더욱이 비교 대상이 되는 국가와 항목 수가 증가할수록 비교를 용이하게 만드는 표의 이점은 커집니다.

여기에는 월별 기간을 하나의 척도로 나타내주고 정책을 A와 B로 그룹화 해보며 금융기관을 예금은행과 모든 금융기관으로 묶어보려는 노력이 나타나 있습니다. 집합 개념은 항상 중요하다는 사실을 재확인합니다. 아울러 영어(Fed, ECB)와 한글(영란은행, 일본은행)로 작성되었던 주요국 중앙은행의 명칭에 일관성을 부여한 점도 눈여겨봅시다.

> **20-2**
> ◆ '예금은행 대출금 추이'에 대한 설명을 읽고 수정 의견을 제시하시오.
> □ 예금은행 대출금은 2012년 말 1100조 원, 2013년 말 1155조 원 및 2014년 말 1195조 원을 기록 ➡ 2014년 중 40조 원 증가하는 데 그쳐 2013년 중 55조 원에 비하여는 감소

변동과 변화를 나타내는 표현

2014년 말 잔액에서 2013년 말 잔액을 빼보고, 2013년 말 잔액에서 2012년 말 잔액을 빼보면, 각각 40조 원과 55조 원이 증가하였으며 40조 원은 55조 원보다 작은 것을 알 수 있습니다. 별 문제가 없는 것 같군요. 그러나 위 문장에서 '2013년 중 55조 원에 비하여는 감소'라고 표현한 점에 주목합시다. 2014년 중 40조 원 증가하였지 40조 원이 감소하지는 않았습니다. 다만 증가 규모가 줄었을 뿐입니다. 그러므로 '증가 폭 축소'로 고쳐야 합니다.

결과를 알고 나면 너무나도 당연하고 별것 아니며 발견하기 쉬운 작은 실수들을 왜 그냥 지나치게 될까요? 익숙해져야만 자연스럽게 발견할 수 있습니다. 아는 것과 익숙해지는 것은 다릅니다.

예금은행 대출금 추이

□ 예금은행 대출금은 2012년 말 1,100조 원, 2013년 말 1,155조 원 및 2014년 말 1,195조 원을 기록 ➡ 2014년 중 40조 원 증가하는 데 그쳐 2013년 중 55조 원에 비하여는 **증가 폭 축소**

20-3

◆ 다음 문장과 표를 수정하시오.

□ 광의통화(M2, 평잔 기준)는 2014년 상반기 중 증가 지속

2014년 상반기 중 M2 추이

(조 원)

2014년 1월	2014년 2월	2014년 3월	2014년 4월	2014년 5월	2014년 6월
1,937.0	1,954.3	1,965.0	1,970.4	1,982.4	1,999.4

잔액과 증감

위 통계표를 보면 특별한 감흥이 없습니다. M2를 월말 평잔 기준(일 잔액의 월평균)으로 나타내면 그다지 느껴지는 바가 없지만, 아래와 같이 월별 증감으로 표현해보면 어떨까요? 숫자가 가벼워지면서 다소 이해하기 쉬워집니다. 변화가 다소 크게 느껴지니까요. 이와 같이 어떤 통계를 사용할 것인가는 중요합니다. 잔액이냐 증감이냐 하는 질문은 말하고자 하는 바를 어떤 자료가 명확히 드러낼 수 있느냐에 달려 있습니다.

이렇게 표를 고쳐놓은 후 다시 생각해보면, M2가 감소하는 경우는 드물기 때문에 '상반기 중 증가 지속'이라는 설명을 대단한 특징이라고 말할 수는 없겠습니다.

□ 광의통화(M2, 평잔 증감 기준)는 2014년 상반기 중 증가 지속

2014년 상반기 중 M2 추이

(조 원)

2014년 1월	2월	3월	4월	5월	6월
4.0	17.3	10.7	5.4	12.0	17.0

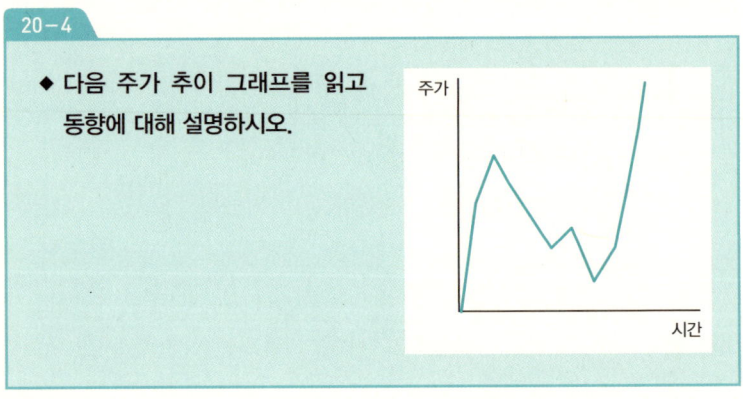

20-4

◆ 다음 주가 추이 그래프를 읽고 동향에 대해 설명하시오.

대부분 사람들은 위의 주가 그래프가 상승하는 모습을 보여준다고 생각합니다. 그러나 위의 그래프는 아래 그래프의 일부일 수도 있습니다. 그러므로 현재 주가는 추세적 하락의 모습을 보이는 가운데 일시적으로 상승하는 과정인지 또는 상승세로 전환되는 모습인지

알 수 없습니다. 따라서 그래프를 읽는 시계를 먼저 정해야 합니다.

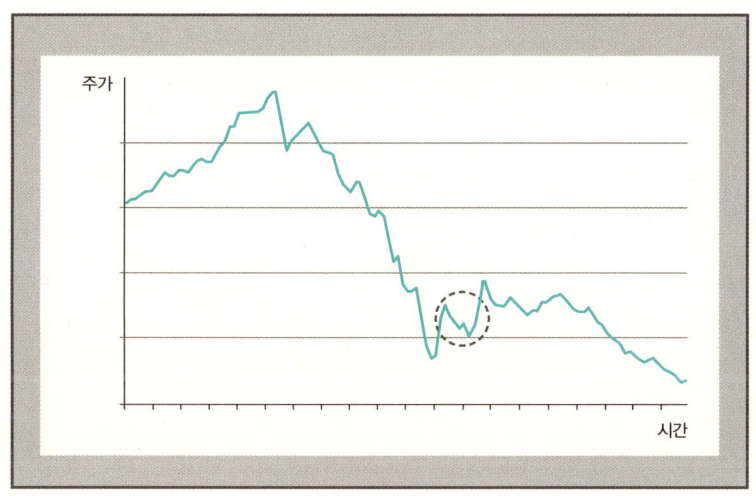

20-5

◆ 다음 그래프의 형식에 대한 수정 의견을 말하시오.

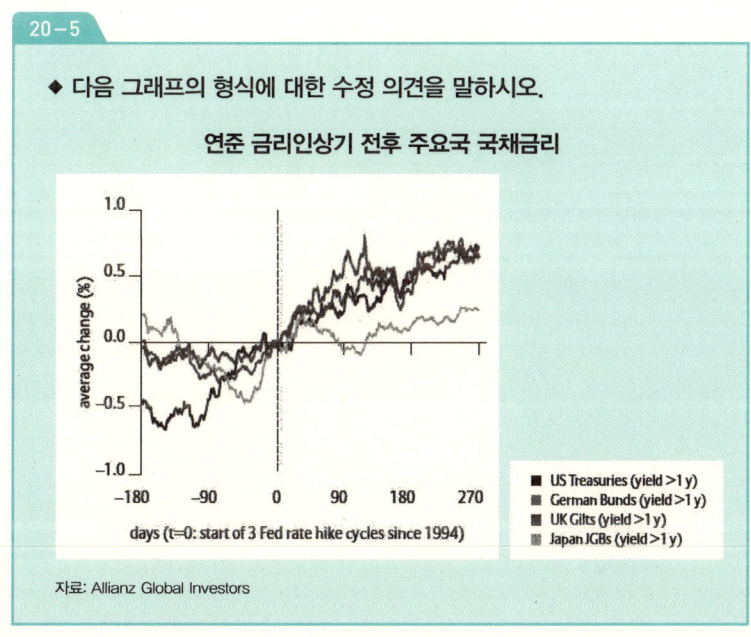

구분되는 그래프

아무 문제 없어 보이는 위의 그래프를 살펴봅시다. 네 개의 꺾은선 그래프가 촘촘하게 얽혀 있지만, 색깔로 구분돼 있으면 어느 나라의 국채금리인지 쉽게 알아볼 수 있습니다. 그런데 이 그래프를 흑백 프린터로 출력하면 어떻게 될까요? 어느 나라인지 구분할 수 없게 됩니다. 그러므로 다양한 점선 등으로 그래프를 그려서 이러한 문제에 대비해야 합니다. "악마는 디테일에 숨어 있다"는 격언을 명심합시다.

그래프의 일관성

한편 보고서에 같은 국가, 지역, 금융상품 등을 대상으로 하는 그래프가 여럿 들어가는 경우가 있습니다. 이 경우 동일 대상에는 같은 색상을 사용합시다. 예를 들어 1페이지에는 한국이 파란색, 미국이 빨간색인데 5페이지에는 한국이 빨간색, 미국이 파란색이라면 읽는 과정에서 혼란을 주기 쉽습니다. 보고서 전 페이지에 걸쳐 형식의 일관성을 유지합시다. 두꺼운 보고서일수록 이러한 실수가 쉽게 나타납니다.

21. 연습(4): 종합

21-1

◆ 다음 보고서를 읽고 잘못된 점을 수정하시오.

| I | 2016년 통화신용정책 운영 여건 |

1. 세계 경제

◆ 세계경제는 2016년중 완만하나마 회복세를 유지할 것으로 예상되나 미 연준의 통화정책 정상화에 따른 국제금융시장의 변동성 증대, 신흥시장국 성장세 약화 등 하방 리스크가 잠재

□ 세계경제의 향후 성장경로에는 주요국간 통화정책 비동조화에 따른 국제 금융시장의 변동성증대, 중국 등 신흥시장국의 성장세 약화, 지정학적 위험 등이 하방리스크로 잠재

  ○ 또한 신흥시장국에서는 대외수요의 신장세 미흡 및 국제원자재가격 상승으로 인한 구매력 약화, 미 연준의 통화정책 정상화에 따른 금융불안 재발 가능성 등이 성장 제약요인으로 작용

  ○ 반면 선진국의 경우 고령화 및 글로벌 위기 이후 투자부진 등의 영향으로 잠재성장률이 위기 이전보다 낮아진 가운데 신흥시장국경기부진의 영향이 교역 및 금융경로를 통해 파급·전이될 가능성

띄어쓰기와 맞춤법

우선 보고서 내의 작은 실수부터 찾아볼까요? 작은 제목에는 '1. 세계 경제'라고 띄어 썼으나 밑에는 '◆ 세계경제', '□ 세계경제'라고

붙여 썼습니다. '하방리스크', '변동성증대' 등의 띄어쓰기도 마찬가지입니다. 본문 내용에서 같은 어구의 띄어쓰기가 다르게 표현되어 있는 부분을 더 찾아봅시다.

또한 '잠재성장율'은 맞춤법에 어긋납니다. 일반적으로 '-률'로 표현하되 앞 글자에 받침이 없거나 'ㄴ'으로 끝날 경우에만 '-율'로 쓴다는 점을 기억해둡시다.

단어의 순서

'세계경제는 2016년중 완만하나마'는 '2016년 중 세계 경제는 완만하나마'로 바꿔야 합니다. 문장 전체를 꾸미는 시점은 문장 앞에 놓여야 합니다. '잠재성장율이 위기 이전보다 낮아진 가운데'는 '위기 이전보다 잠재성장률이 낮아진 가운데'로 고쳐야 합니다. 시점을 앞에 놓고, 또한 주어-서술어를 가까이 놓기 위해서입니다. 다른 수정 사항이 또 있는지 직접 찾아보세요.

Ⅰ 2016년 통화신용정책 운영 여건

1. 세계 경제

◆ **2016년 중 세계 경제는** 완만하나마 회복세를 유지할 것으로 예상되나 미 연준의 통화정책 정상화에 따른 국제 금융시장의 변동성 증대, 신흥시장국 성장세 약화 등 하방 리스크가 잠재

□ **세계 경제**의 향후 성장 경로에는 주요국 간 통화정책 비동조화에 따른 국제 금융시장의 **변동성 증대**, 중국 등 신흥시장국의 성장세 약화, 지정학적 위험 등이 **하방 리스크**로 잠재

　○ 또한 신흥시장국에서는 대외 수요의 신장세 미흡 및 국제 원자재 가격 상승으로 인한 구매력 약화, 미 연준의 통화정책 정상화에 따른 금융불안 재발 가능성 등이 성장 제약 요인으로 작용

　○ 반면 선진국의 경우 고령화 및 글로벌 위기 이후 투자 부진 등의 영향으로 **위기 이전보다 잠재성장률**이 낮아진 가운데 신흥시장국 경기 부진의 영향이 교역 및 금융 경로를 통해 파급·전이될 가능성

21-2

◆ 다음 '글로벌 금융위기 이후 상황'에 대한 개요를 읽고 수정 의견을 제시하시오.

우리나라의 금융시스템은 금융기관 및 외환부문의 건전성이 양호한 수준을 지속함에 따라 대체로 안정된 모습을 유지하였다. 다만 가계 및 기업 부문의 재무건전성이 제고되면서 금융시스템 잠재위험은 다소 증가한 것으로 판단된다. 먼저 가계 부문은 소득 여건이 개선된 가운데 주택 매매 증가 등으로 가계부채 규모가 큰 폭으로 늘어났다. 기업 부문은 매출액이 크게 감소하고 재무구조의 안정성도 저하되었다. 은행은 수익성 부진이 지속되었으나, 자본적 정성이 양호한 가운데 가계 및 기업 부문의 재무건전성 저하에도 저금리 지속에 따른 차주 상환부담 증가 등으로 자산건전성 개선세가 지속되었다.

소탐대실

윗글을 읽으면서 띄어쓰기와 오탈자 문제를 찾는 데 몰두하기 쉽

습니다. 왜냐하면 이전 문제에서 그러했기 때문이지요. '자본적 정성'을 찾아내 '자본 적정성'으로 고치면서 회심의 미소를 지을지 모릅니다.

그런데 더 중요한 문제는 다른 데 있습니다. 내용을 찬찬히 읽어보면 앞부분 '재무건전성이 제고되면서'는 내용상 '재무건전성이 저하되면서'라고 해야 합니다. 그리고 '소득 여건이 개선된 가운데'는 '소득 여건이 개선되지 못한 가운데'로 고쳐야 합니다. 마지막 줄 '차주 상환부담 증가 등으로'는 내용상 '차주 상환부담 완화 등으로'로 수정해야 합니다. 하지만 우리는 이렇게 단순한 내용을 쉽게 발견하지 못합니다. 퇴고 과정에서 띄어쓰기, 오탈자 등에 집중하다 보면 더 중요한 내용상의 오류를 그냥 지나치게 되지요.

우리의 뇌는 한꺼번에 여러 가지 일을 동시에 통제하기 어렵다고 합니다. 여러 사항을 동시에 확인하기는 어렵지요. 그리하여 한 번은 맞춤법 등 형식에 중점을 두면서, 다른 한 번은 내용의 전개에 중점을 두면서 두 번 이상 읽을 필요가 있습니다.

우리가 오류를 쉽게 발견해내지 못하는 또 다른 이유는 우리 마음 깊은 곳에 '내가 쓴 글이 틀리지 않았으면 좋겠다'는 희망이 숨어 있기 때문입니다. 이제 달리 지적해볼 문제는 없을까요?

문단 나누기

문단 내에 문장이 빽빽이 들어차 있어 읽기를 방해합니다. 문단 나누기가 필요합니다. 이때 분량보다는 내용의 변화에 중점을 두고 문단을 구분해야 합니다.

글로벌 금융위기 이후 상황

우리나라의 금융 시스템은 금융기관 및 외환 부문의 건전성이 양호한 수준을 지속함에 따라 대체로 안정된 모습을 유지하였다. 다만 가계 및 기업 부문의 재무건전성이 <u>저하되면서</u> 금융 시스템 잠재위험은 다소 증가한 것으로 판단된다.

먼저 가계 부문은 소득 여건이 <u>개선되지 못한</u> 가운데 주택매매 증가 등으로 가계부채 규모가 큰 폭으로 늘어났다. 기업 부문은 매출액이 크게 감소하고 재무구조의 안정성도 저하되었다.

은행은 수익성 부진이 지속되었으나, <u>자본 적정성</u>이 양호한 가운데 가계 및 기업 부문의 재무건전성 저하에도 저금리 지속에 따른 차주 상환 부담 <u>완화</u> 등으로 자산건전성 개선세가 지속되었다.

21-3

◆ 다음은 '○○지역 사회적 금융의 활성화 방안' 중 '1. 지역밀착형 금융기관의 참여 유도'에 대해 조사한 보고서의 일부이다. 수정 의견을 제시하시오.

○○지역의 사회적 금융 활성화를 위한 다음 단계의 해법은 지역밀착형 금융기관들의 참여를 적극 유도하는 것이다. ○○지역 협동조합의 경우 자금 조달 시 조합원 출자금이나 조합비 등에 비해 금융기관 의존도가 크게 낮은데, 특히 대표적인 지역밀착형 금융기관인 신협에서 자금을 조달하는 사례도 극히 적었음을 확인할 수 있었다. 현재 ○○지역 신용협동조합과 새마을금고 등 협동조합 금융기관들은 일반 은행에 비해 자금 운용에 어려움을 겪고 있다. 실제로 예금은행의 …… (후략)

문단 나누기

다시 작은 문제들에 대처해봅시다. 우리의 과제는 어떻게 하면 눈에 잘 들어오게 하느냐입니다. 이렇게 답답한 글은 우선 단락을 나누어줍니다. 직접 연습해봅시다.

용어의 정리와 통일

이제 세부 사항을 수정해봅시다. 첫 줄에 나와 있는 '해법'은 정책 보고서 용어로 어울리지 않습니다. '해법'을 '전략'으로 바꾸어줍니다. 다음 '지역밀착형 금융기관들의'는 '들'을 삭제하여 '지역밀착형 금융기관의'로 수정해봅니다. 우리말은 복수형을 엄격하게 지키지 않습니다. 우리는 영어를 배우는 과정에서 복수형에 과도하게 집착하게 되었습니다.

이 보고서에는 '협동조합', '신협', '신용협동조합', '협동조합 금융기관' 등 비슷한 용어들이 쓰이고 있습니다. 그런데 어느 것이 어느 것을 포함하는 개념인지 또는 동의어인지 알 수 없습니다. 동의어라면 동일한 단어를 사용하거나 맨 처음 본딧말 뒤에 괄호를 넣어 '신용협동조합(신협)'이라고 쓰고 나서 이후 '신협'이라는 용어를 사용하는 편이 좋습니다. 용어를 정리하기 위해서는 더 큰 집합인 '협동조합 금융기관' 안에 부분집합인 '신용협동조합'과 '새마을금고'가 속한다는 사실을 알아야 합니다.

실제와 진실

마지막 부분에 나와 있는 '실제로'라는 수식어는 사용하지 않는 편이 좋습니다. 그럼 '실제로'라고 표현되지 않는 나머지 부분은 거짓이란 말입니까? 강조를 위하여 '실제로', '정말로', '진실로' 등의 표현을 자주 사용하곤 하는데, 오히려 글의 신뢰성이 떨어뜨립니다. '왜 자꾸 진실임을 강조할까?' 하는 의구심이 생기기 때문입니다.

21-4

◆ 다음에 대한 수정 의견을 제시하시오.

□ 2016년 8월 수출 물가는 원/달러 환율 하락(원/달러 평균 환율: 2016년 7월 1144.09 → 8월 1111.68) 등의 영향으로 전월 대비 1.9% 하락(전년 동월 대비 9.7% 하락)
　○ 농림수산품: 전월 대비 2.1% 하락
　○ 공산품: 석탄 및 석유 제품, 화학제품 등을 중심으로 전월 대비 1.9% 하락

각주 처리

위에서 수출 물가를 설명하는 괄호 안의 내용이 너무 길어 첫 문장의 내용이 한눈에 들어오지 않습니다. 즉, 괄호 속 '원/달러 평균 환율: 2016년 7월 1144.09 → 8월 1111.68' 때문에 '원/달러 환율 하락 등의 영향으로'라는 글을 읽기 어렵게 되지요. 이를 각주로 빼 다음과 같이 정리합니다.

□ 2016년 8월 수출 물가는 원/달러 환율 하락* 등의 영향으로 전월 대비 1.9% 하락(전년 동월 대비 9.7% 하락)

 * 원/달러 평균 환율: 2016년 7월 1,144.09원 → 8월 1,111.68원(전월 대비 2.8% 하락)

  ○ 농림수산품: 전월 대비 2.1% 하락

  ○ 공산품: 석탄 및 석유 제품, 화학제품 등을 중심으로 전월 대비 1.9% 하락

21-5

◆ 다음에 대한 수정 의견을 제시하시오.

□ 한라산 프로젝트를 위해 자금을 조달하는 방법은 크게 나누어 추가 주식을 발행하는 방식과 회사채를 발행하는 방식이 있는데, 이들의 장단점을 살펴봄

	추가 주식 발행 방식	회사채 발행 방식
장점	A	B
단점	B	A

장단점 비교

두 가지 자금 조달 방식의 장단점을 정리하다 보면, 추가 주식 발행 방식의 장점이 곧 회사채 발행 방식의 단점이 되고, 회사채 발행 방식의 장점이 곧 추가 주식 발행 방식의 단점이 됨을 알 수 있습니다. 장단점은 상대적이므로, 이를 모두 설명해줄 경우 A와 B가 두

번 나타나 자리만 많이 차지하게 됩니다. '추가 정보를 주지 않는 말은 삭제되어야 한다'는 명제에 어긋나게 되지요. 이럴 경우 주장하는 방식을 하나 선택한 후 다른 대안과 비교하여 장단점을 적어주면 좋습니다.

□ 추가 주식 발행은 회사채 발행에 비해 다음과 같은 장단점이 있음

	조달 용이성	조달 비용	지분 유지	...	...
장점	a_1	a_2	a_3		a_7
단점	b_1	b_2	b_3	–	–

21-6

◆ 다음 문장은 채권 투자를 이미 확대하였다는 뜻인가, 아니면 채권 투자를 확대할 계획이라는 뜻인가?

□ 회사채를 중심으로 한 채권 투자 확대

어미의 서술

위 문장만으로는 뜻을 정확하게 알 수 없습니다. 다만 '1. 동향' 밑에 써 있다면 이미 규모를 확대하여 투자했다는 의미이며, '2. 계획' 밑에 써 있다면 투자를 확대할 계획이라는 의미로 해석되겠지요. 개조식은 문장을 간략하게 만드는 방식이지만, 어미를 지나치

게 생략하면 내용을 정확히 알 수 없습니다.

그러므로 주위의 다른 문장들을 통해 위 문장의 뜻을 명확하게 알 수 없다면 '회사채를 중심으로 채권 투자를 <u>확대하였음</u>' 또는 '회사채를 중심으로 채권 투자를 <u>확대할 계획</u>' 등으로 시점을 명확하게 밝혀줘야 합니다.

21-7

◆ 다음 '국제 금융 동향'을 수정하시오.

미 달러화는 유로화와 엔화에 대해 강세를 나타내었다. 유로화에 대해서는 ECB의 양적완화 정책 및 추가완화 조치 시행과 미국의 경기 회복세 지속 및 정책금리 인상 등으로 강세를 보여 전년 말 대비 11.4%p 절상되었다. 엔화에 대해서도 일본은행이 금융완화 정책을 지속하는 점 등의 영향으로 강세를 이어갔으나 절상 폭은 전년 말 대비 0.5%p에 그쳤다. 이는 국제 금융시장 불안에 따른 안전자산으로서의 엔화 수요 증가와 일본은행이 추가 금융완화를 실시할 기대가 약화된 점 등에 기인한다.

구와 절

위 문장은 술술 읽히지 않습니다. 왜냐하면 문단 내에서 구와 절이 혼용되어 사용되고 있기 때문입니다. 환율에 미치는 영향이 대부분의 문장에서 간결한 구로 표시되어 있으나 '엔화에 대해서도 일본은행이 금융완화 정책을 지속하는 점', '일본은행이 추가 금융완화를 실시할 기대가 약화된 점'은 절로 표시되어 있습니다. 절로 표현할 경우 말하듯이 풀어 쓰는 효과가 있으나 간결하게 쓰기 어렵습니다.

나열 표시의 조정

다음 문제를 지적해보면, 'ECB의 양적완화 정책 및 추가완화 조치 시행과 미국의 경기 회복세 지속 및 정책금리 인상'이라는 설명이 계속 이어져서 어디서 끊어 읽어야 할지 알기 어렵습니다. 쉼표 ','를 사용하여 'ECB의 양적완화 정책 및 추가완화 조치 시행, 미국의 경기 회복세 지속 및 정책금리 인상'으로 나누는 편이 훨씬 끊어 읽기에 좋습니다.

%와 %p

마지막으로 환율의 절상 또는 절하는 %p가 아니라 %로 표시되어야 합니다. 또한 '전년 말 대비' 또는 '전월 말 대비' 등으로 절상 또는 절하의 기준 시점이 있어야 합니다. 이상의 설명을 반영하여 수정하면 다음과 같습니다.

> **국제 금융 동향**
>
> 미 달러화는 유로화와 엔화에 대해 모두 강세를 나타내었다. 유로화에 대해서는 ECB의 양적완화 정책 및 추가완화 조치 시행, 미국의 경기 회복세 지속 및 정책금리 인상 등으로 강세를 보여 전년 말 대비 **11.4%** 절상되었다. 엔화에 대해서도 일본은행의 금융완화 정책 **지속 등의 영향**으로 강세를 이어갔으나 절상 폭은 전년 말 대비 **0.5%**에 그쳤다. 이는 국제 금융시장 불안에 따른 안전자산으로서의 엔화 수요 증가, 일본은행의 추가 금융완화에 대한 **기대 약화** 등에 기인한다.

21-8

◆ 다음 '국제 금융 동향'을 수정하시오.

> 중국·인도의 기준금리 인하, 주요 선진국의 양적완화 조치 등으로 상반기에 일시 상승하였던 신흥시장국 주가는 미 연준의 금리 인상에 따른 글로벌 유동성 축소, 중국의 성장 둔화 우려 등으로 외국인 주식 투자 자금이 급격히 유출되면서 전년 말 대비 17.0% 급락하였다.

기준의 표시: 신흥시장국 주가

'신흥시장국 주가는 … 전년 말 대비 17.0% 급락하였다'라고 쓰여 있습니다. 그런데 이렇게 구체적인 수치를 사용하려면 주가 기준이 제시되어야 합니다. 이 경우 '신흥시장국 주가' 뒤에 '(신흥시장국 MSCI 지수 기준)'이라고 기준을 밝혀야 하겠습니다. 아니면 그냥 '전년 말 대비 크게 하락하였다' 정도가 좋습니다. 이상의 설명을 반영해 수정하면 아래와 같습니다.

> **국제 금융 동향**
>
> 중국·인도의 기준금리 인하, 주요 선진국의 양적완화 조치 등으로 상반기에 일시 상승하였던 신흥시장국 주가(신흥시장국 MSCI 지수 기준)는 미 연준의 금리 인상에 따른 글로벌 유동성 축소, 중국의 성장 둔화 우려 등으로 외국인 주식 투자 자금이 급격히 유출되면서 전년 말 대비 17.0% 급락하였다.

21-9

◆ 다음 '국내 금리 동향'을 수정하시오.

2015년 들어 국고채 금리는 3월 한국은행 기준금리 인하와 ECB, 호주 중앙은행 등의 통화정책 완화 등으로 2015년 4월 중순 1.70%를 하회하는 수준까지 빠르게 하락하였다. 다만 이후에는 미국, 독일 등의 국채금리 급등, 안심전환대출 관련 대규모 장기물 주택저당증권(MBS, Mortgage Backed Securities) 발행 등으로 큰 폭 상승하였다가 5월 하순경 메르스 사태에 따른 내수 위축 우려, 기준금리 추가 인하 기대 등으로 다시 하락하는 등 높은 변동성을 나타내었다.

기준의 표시: 국고채 만기와 시기

'국고채 금리가 1.70%를 하회하는 수준까지 하락하였다'라고 표현하려면 '만기'를 표시해야 합니다. 왜냐하면 만기에 따라 금리 변동 폭은 다를 수밖에 없기 때문입니다. 예컨대 국고채 3년물이라면

'국고채(3년)'이라고 표시합니다. 그리고 처음에 '2015년 들어'라고 했으므로 중간에 '2015년 4월'이라며 '2015년'을 반복할 필요가 없습니다. 마지막에 나오는 '다시 하락하는 등'은 '다시 하락 반전하는 등'으로 표시하는 것이 더 명확합니다. 이상의 설명을 반영해 수정하면 아래와 같습니다.

국내 금리 동향

2015년 들어 국고채(3년) 금리는 3월 한국은행 기준금리 인하와 ECB, 호주중앙은행 등의 통화정책 완화 등으로 **4월** 중순 1.70%를 하회하는 수준까지 빠르게 하락하였다. 다만 이후에는 미국, 독일 등의 국채금리 급등, 안심전환대출 관련 대규모 장기물 주택저당증권(MBS, Mortgage Backed Securities) 발행 등으로 큰 폭 상승하였다가 5월 하순경 메르스 사태에 따른 내수 위축 우려, 기준금리 추가 인하 기대 등으로 다시 하락 **반전**하는 등 높은 변동성을 나타내었다.

21-10

◆ 다음 '국내 회사채 금리 동향'을 수정하시오.

회사채 신용스프레드는 8월까지 대체로 안정된 모습을 보이다가 9월 이후 기업 업황 부진 지속에 따른 신용등급 하향 조정, 기업 구조조정 이슈 부각 등으로 2015년 중 0.24% 확대되었다. 한편 신용등급 간 금리 격차는 우량등급과 비우량등급에 대한 신용 경계감이 동시에 높아지면서 연중 비슷한 수준을 유지하였다.

기준의 표시: 신용스프레드

지난 연습과 비슷한 문제입니다. '회사채 신용스프레드'를 '3년 만기 AA-등급 회사채 금리 − 3년 만기 국고채 금리'라고 구체적으로 제시하고 신용등급 간 금리 격차도 'BBB-등급 − AA-등급'이라고 밝혀야 합니다. 기준이 나타나 있지 않으면 뒤에 구체적인 확대 폭이 나올 수 없습니다. 한편 신용스프레드는 %로 표현되지만 확대 폭은 '0.24%'가 아니라 '0.24%p' 또는 '0.24퍼센트포인트'로 나타내야 합니다. 동일한 허점을 발견해내지 못했다면 아직 익숙해지지 않은 탓입니다. 이상의 설명을 반영해 수정하면 다음과 같습니다.

국내 회사채 금리 동향

회사채 신용스프레드(**3년 만기 AA-등급 회사채 금리 − 3년 만기 국고채 금리**)는 8월까지 대체로 안정된 모습을 보이다가 9월 이후 기업 업황 부진 지속에 따른 신용등급 하향 조정, 기업 구조조정 이슈 부각 등으로 2015년 중 **0.24%p** 확대되었다. 한편 신용등급 간 금리 격차(**BBB-등급 − AA-등급**)는 우량등급과 비우량등급에 대한 신용 경계감이 동시에 높아지면서 연중 비슷한 수준을 유지하였다.

제6장

작성 연습

지난 장에서는 이미 작성해놓은 보고서에서 잘못된 점을 찾아 수정하는 연습을 해보았습니다. 이제부터는 주어진 자료를 이용하여 보고서를 직접 작성하는 연습을 해보겠습니다. 지금까지의 모든 과정은 보고서를 스스로 작성하기 위한 예행연습이었던 셈입니다.

주어진 자료를 넘겨본 후 답안을 쓱 읽어보지 말고, 손으로 쓰거나 타이핑하면서 직접 써봐야 합니다. '눈'으로만 봐서는 안 됩니다. 몇 번을 강조하지만 수영장에 들어가지 않고는 수영을 할 수 없습니다.

22. 연습(5): 서술식

22-1

◆ 제시된 자료를 이용하여 '세계 경제 동향'의 개요를 서술식으로 작성하시오.
- □ 미국 경제: 경제가 회복되는 모습을 이어나가고 있음
- □ 중국 경제: 완만하게 성장하는 모습을 유지하고 있음
- □ 유로지역 경제: 개선 움직임이 미약한 모습이 계속되고 있음
- □ 향후 세계 경제: 완만하나마 회복세를 이어갈 전망
- □ 향후 세계 경제에 미치는 요인: 미국 등 주요국의 통화정책이 어떻게 변할 것인지? 브렉시트 관련 불확실성이 어떻게 진행될 것인지? 신흥시장국의 경제 상황이 어떻게 진행될 것인지? 등

구성

주요국의 경제 상황을 먼저 설명합니다. 그 후 세계 경제에 미치는 요인을 통하여 향후 세계 경제를 전망합니다. 또는 세계 경제를 전망한 뒤 그 요인을 설명할 수도 있습니다.

세계 경제 동향

세계 경제를 보면, 미국은 회복세를 지속하고 중국은 완만한 성장세를 유지하였으나 유로지역에서는 개선 움직임이 여전히 미약하였다. 앞으로 세계 경제는 완만하나마 회복세를 이어가는 가운데 미국 등 주요국의 통화정책 변화, 브렉시트 관련 불확실성, 신흥시장국의 경제 상황 등에 영향을 받을 것으로 보인다.

22-2

◆ 제시된 자료를 이용하여 '국내 경제 동향'을 서술식으로 작성하시오.

☐ 지난해 3/4분기 성장: 전기 대비 성장률은 1.2%로 높아졌음
☐ 지난해 3/4분기 성장률 상승 요인: 정부의 추경 편성 등 확장적 거시경제정책, 메르스 사태의 소멸 등
※ 일반적으로 성장률은 전년 동기 대비 또는 전기 대비로 산출됨
☐ 지난해 4/4분기 성장: 소비를 중심으로 완만하나마 회복세가 이어졌으나 성장률은 0.7%로 낮아졌음
☐ 지난해 4/4분기 성장률 하락 요인: 3/4분기 큰 폭 상승에 따른 기저효과 등
※ 기저효과는 기준 시점과 비교 시점의 상대적 수치에 따라 큰 차이가 있음을 말함. 예를 들어 과거의 높은 수치와 현재의 낮은 수치를 비교하면 현재가 과도하게 낮아 보이는 현상임
☐ 금년 성장: 수출은 감소세 지속 그리고 소비 등 내수는 회복세 다소 약화
☐ 금년 수출 감소 요인: 중국 등 신흥시장국의 경기 둔화, 국제 유가 하락 등
☐ 금년 내수 회복 약화 요인: 개별소비세 인하 중단 등

(☐는 주어지는 정보, ※는 미리 알아야 할 사전 지식)

구성

먼저 지난해 3/4분기 성장 동향과 요인을 설명한 후 4/4 분기 성장 동향과 요인을 서술합니다. 그런 다음 금년 수출, 내수의 동향과 그 요인을 써봅니다. 앞의 문제에서도 나왔듯이 여러 요인 때문에 어떠한 동향이 나타났다고 쓸 수도 있으며, 어떠한 동향이 나타난

이유가 다음과 같은 요인에 기인한다고 설명할 수도 있습니다.

국내 경제 동향

국내 경제는 정부의 추경 편성 등 확장적 거시경제정책, 메르스 사태의 소멸 등에 힘입어 지난해 3/4분기 성장률(전기 대비)이 1.2%로 높아졌다. 4/4분기 들어서도 소비를 중심으로 완만하나마 회복세가 이어졌으나 성장률은 3/4분기 큰 폭 상승에 따른 기저효과 등으로 0.7%로 낮아졌다. 금년 들어서는 중국 등 신흥시장국의 경기 둔화, 국제 유가 하락 등으로 수출 감소세가 지속되는 가운데 개별소비세 인하 중단 등으로 소비 등 내수도 회복세가 다소 약화되는 모습을 나타내었다.

22-3

◆ 제시된 자료를 이용하여 '금융시장 동향'을 서술식으로 작성하시오.

- 주요 가격변수: 큰 폭 변동
- 가격변수 변동 요인: 국제 금융시장 상황 변화, 외국인 증권투자자금 유출입 등
- 주가: 큰 폭 하락한 후 반등
- 주가 하락 요인: 중국 금융·외환시장 불안, 국제 유가 하락, 외국인 주식 순매도 등
- 주가 반등 요인: 금년 2월 중순 이후 글로벌 증시 회복
- 원/달러 환율: 큰 폭 상승 후 반락
- 환율 반락 요인: 금년 2월 하순 이후 외국인 증권투자자금 유출 진정 등
- 장기 시장금리는 대체로 하락세
- 금리 하락 요인: 주요국 금리 움직임을 반영

구성

주요 가격변수 동향을 먼저 설명한 후 여기에 포함되는 주가, 환율, 금리 순으로 써봅니다. 앞의 문제와 답처럼 'a, b, c 등의 요인으로 동향이 어떻게 변동하였다' 등으로 설명합니다.

금융시장 동향

금융시장에서는 주요 가격변수가 국제 금융시장 상황 변화, 외국인 증권투자자금 유출입 등의 영향을 받으면서 큰 폭으로 변동하였다. 주가는 중국 금융·외환시장 불안, 국제 유가 하락, 외국인 주식 순매도 등의 영향으로 큰 폭 하락하였다가 금년 2월 중순 이후 글로벌 증시 회복 등에 힘입어 반등하였다. 원/달러 환율도 큰 폭 상승하였다가 금년 2월 하순 이후 외국인 증권투자자금 유출 진정 등으로 반락하였다. 장기 시장금리는 주요국의 금리 움직임을 반영하여 대체로 하락세를 보였다.

22-4

◆ 제시된 설명과 표를 이용하여 '주요 선진국의 소비자물가 동향'을 서술식으로 작성하시오.

☐ 미국의 상승 요인: 주거비 등
☐ 유로지역의 종전 마이너스 소비자물가 상승률: 지난해 9월, −0.1%
☐ 일본의 등락 요인: 유가 하락 등

주요 선진국 소비자물가 상승률
(전년 동기 대비)

(%)

	2014	2015			2016		
		연간	Ⅲ	Ⅳ	1월	2월	3월
미국	1.6	0.1	0.1	0.4	1.4	1.0	−
유로지역	0.4	0.0	0.1	0.2	0.3	−0.2	−0.1
일본	2.7	0.8	0.2	0.3	0.0	0.3	−

자료: IMF, 각국 통계청

구성

미국, 유로지역, 일본 순으로 소비자물가 동향을 서술하되 각 지역의 특징을 살펴봅니다. 미국의 경우 소비자물가가 2015년 3/4분기 0.1%에서 금년 들어 상승하는 모습, 유로지역은 마이너스 상승률을 나타내는 모습, 일본은 지난해 3/4분기부터 일정한 추세를 보이지 않고 등락하는 모습이 각각의 특징이라고 할 수 있습니다.

주요 선진국의 소비자물가 동향

국가별로 보면 미국의 소비자물가 상승률은 지난해 3/4분기 중 0%대 초반의 낮은 상승률에서 주거비 등을 중심으로 꾸준히 높아져 금년 들어서는 1%대를 기록하였다. 유로지역의 소비자물가 상승률은 금년 2월 중 −0.2%를 기록하여 지난해 9월(−0.1%) 이후 5개월 만에 다시 마이너스로 돌아섰다. 일본의 소비자물가 상승률은 유가 하락 등의 영향으로 0.0~0.3%의 범위에서 등락하였다.

▶ 추가 연습

제시되는 자료를 스스로 구하여 서술식 글쓰기를 연습하기는 어렵습니다. 자료를 찾는 별도의 노력을 쏟아야 하니까요. 개조식으로 구성된 보고서를 구하여 서술식으로 표현하는 연습을 해봅시다. 개조식 문장을 풀어 쓰는 과정에서 말의 연결과 구성에 대해 고민하다 보면 자신의 글쓰기 역량이 향상되고 있음을 깨닫게 됩니다.

23. 연습(6): 개조식

23-1

◆ 다음 'A와 B' 자료를 정리하여 개조식으로 작성하시오.

□ 전체는 A와 B로 이루어져 있음

□ A 관련 자료는 a1, a11, a12, a13, a2, a2☆로 구성되어 있는데, a11, a12, a13은 a1 내용의 부분집합이며, a2☆는 a2의 결과임. a13는 a11, a12와 다른 시각에서 예외적인 내용을 말하고 있음

□ B는 b1~b5라는 다섯 가지 요소로 구성되어 있으며 내용은 간단함

집합의 개념과 위상의 정립

개조식 보고서는 문장의 시각화를 높이기 위하여 작성합니다. 눈으로 먼저 읽으면 전체 내용이 쉽게 파악됩니다. 그러므로 큰 개념인 A와 B가 앞서며 여기에 속하는 a와 b는 오른쪽으로 한 칸 밀어서 다음 자리를 차지하여야 합니다. 한 칸씩 들여 쓴다는 말은 전체에서 차지하는 위상이 하위 개념 또는 부분집합이라는 뜻입니다. 예외 조항은 'ㅇ'으로 달리 표시해주며 다시 오른쪽으로 한 칸 들여 씁니다.

기호의 사용과 띄어쓰기

이야기의 흐름을 □, ─, ㅇ 순으로 눈에 띄게 나타냅니다. □, ㅇ, ─로 나타낼 수도 있습니다. 원인과 결과는 '➡'로 시각적으로 명확

히 표현할 수 있습니다. 해당 사항의 내용이 길면 '─'으로 줄을 바꿔주고, 내용이 짧으면 '─' 뒤에 순차적으로 나열합니다. 병렬 요소가 많아 헷갈릴 경우에는 ①~⑤ 등의 번호를 붙여줍니다.

한편 A와 B의 관계는 A와 a1의 관계보다 멀기 때문에 A 전체를 하나의 그룹, B 전체를 하나의 그룹으로 인식하도록 해야 합니다. 그러므로 A그룹과 B그룹 간의 줄 간격은 A와 a1 간의 줄 간격보다 같거나 넓어야 합니다. 마찬가지로 A와 '─ a1' 간의 줄 간격은 '─ a1 ……'과 'ㅇ 다만 a13 ……'의 간격보다 넓어야 합니다. 이처럼 글자의 들여쓰기와 줄 간격 하나에도 생각의 구성을 시각적으로 도우려는 의도가 담겨 있습니다.

A와 B

☐ A ……

　─ a1 ……: a11 ……, a12 ……
　　ㅇ 다만 a13 ……

　─ a2 …… ➡ a2☆ ……

☐ B ……

　─ ① b1 ……　② b2 ……　③ b3 ……　④ b4 ……　⑤ b5 ……

23-2

◆ 제시된 자료를 이용하여 '8월 중 거주자외화예금 동향'을 개조식으로 작성하시오.

□ 달러화 예금 증가 요인: 개인의 투자성 예금 등

□ 유로화 및 위안화 예금 감소 요인: 대기업의 수입대금 결제를 위한 예금 인출 등

※ 거주자외화예금: 내국인과 국내에 6개월 이상 거주한 외국인 및 국내에 진출해 있는 외국 기업 등의 국내 외화예금을 말함

통화별 거주자외화예금 잔액 추이

(기말 기준, 억 달러)

	2012년	2013년	2014년	2015년	2016년 7월(A)	2016년 8월(B)		B−A
미 달러화	296.8	359.0	360.0	472.5	557.4	569.2	〈84.5〉	11.8
엔화	19.5	26.0	23.7	33.7	37.2	37.5	〈5.6〉	0.3
유로화	34.0	19.5	21.2	21.4	32.7	30.9	〈4.6〉	−1.8
위안화	1.7	66.7	193.7	46.8	19.9	19.0	〈2.8〉	−0.9
기타 통화[1]	8.3	13.1	12.5	10.9	15.1	16.8	〈2.5〉	1.7
합계	360.3	484.3	611.1	585.3	662.3	673.4	〈100.0〉	11.1

주: 1) 영국 파운드화, 호주 달러화 등
    2) 〈 〉는 비중(%)

구성

제시된 통계표를 읽어줍니다. 크게 증가한 달러 예금과 감소로 나타난 유로화와 위안화 예금의 변동 요인을 설명해줍니다. 통계표

에서 현 시점인 2016년 8월 말을 강조해줍니다.

2016년 8월 중 거주자외화예금 동향

□ 2016년 8월 말 현재 외국환은행의 거주자외화예금*은 673.4억 달러로 전월 말 대비 11.1억 달러 증가

  * 거주자외화예금: 내국인과 국내에 6개월 이상 거주한 외국인 및 국내에 진출해 있는 외국 기업 등의 국내 외화예금

  ㅇ 달러화 예금 11.8억 달러 증가, 유로화 및 위안화 예금은 각각 1.8억 달러, 0.9억 달러 감소

    ― 달러화 예금은 주로 개인의 투자성 예금 등으로 증가
    ― 유로화 및 위안화 예금은 대기업의 수입대금 결제를 위한 예금 인출 등으로 감소

통화별 거주자외화예금 잔액 추이

(기말 기준, 억 달러)

	2012년	2013년	2014년	2015년	2016년 7월(A)	2016년 8월(B)		B-A
미 달러화	296.8	359.0	360.0	472.5	557.4	569.2	〈84.5〉	11.8
엔화	19.5	26.0	23.7	33.7	37.2	37.5	〈5.6〉	0.3
유로화	34.0	19.5	21.2	21.4	32.7	30.9	〈4.6〉	-1.8
위안화	1.7	66.7	193.7	46.8	19.9	19.0	〈2.8〉	-0.9
기타 통화[1]	8.3	13.1	12.5	10.9	15.1	16.8	〈2.5〉	1.7
합계	360.3	484.3	611.1	585.3	662.3	673.4	〈100.0〉	11.1

주: 1) 영국 파운드화, 호주 달러화 등
  2) 〈 〉는 비중(%)

23-3

◆ 다음 '외국인 증권투자자금 동향'을 개조식으로 바꾸어 작성하시오.

국제 유가 하락에 따른 글로벌 금융시장 불안으로 위험 회피 성향이 확대되면서 국내 금융시장에서 외국인 증권투자자금이 유출되었다. 외국인 채권투자자금은 지난해 6월 이후 글로벌 자금이 신흥시장국에서 빠져나가는 과정에서 우리나라에서도 순매도를 나타내었다. 다만 우리나라는 여타 신흥시장국에 비해 기초 경제 여건이 양호하여 순매도 규모가 상대적으로 크지 않았던 것으로 평가된다.

외국인 주식투자자금은 지난해 6월 이후 국제 유가 하락을 비롯한 글로벌 리스크 확대에 민감하게 반응하면서 대규모로 순유출되었다. 특히 유가 급락에 따라 재정 상황이 악화된 주요 산유국의 국부펀드가 투자자금 회수를 위해 국내 주식을 상당 폭 매도한 것으로 파악되었다.

다만 금년 2월 이후 국제 유가가 반등하면서 위험 회피 성향이 약화된 데다 주요국 중앙은행의 완화적 통화정책에 대한 기대가 높아지면서 국내 주가는 상승하고 외국인 채권·주식투자자금 모두 순매수로 전환하였다.

구성

지난해 외국인 증권투자자금의 전체 동향을 '□'로 표시한 후 채권투자와 주식투자를 각각 '−'로 표시해줍니다. 그리고 그 밑에 'ㅇ'로 특징을 설명합니다. 그다음 '□'로 금년 동향을 나타내줍니다.

외국인 증권투자자료 동향

□ 국제 유가 하락에 따른 글로벌 금융시장 불안으로 위험 회피 성향이 확대되면서 국내 금융시장에서 외국인 증권투자자금이 유출

― 외국인 채권투자자금은 지난해 6월 이후 글로벌 자금이 신흥시장국에서 빠져나가는 과정에서 우리나라에서도 순매도

  ○ 다만 우리나라는 여타 신흥시장국에 비해 기초 경제 여건이 양호하여 순매도 규모가 상대적으로 크지 않았던 것으로 평가됨

― 외국인 주식투자자금은 지난해 6월 이후 국제 유가 하락을 비롯한 글로벌 리스크 확대에 민감하게 반응하면서 대규모로 순유출

  ○ 특히 유가 급락에 따라 재정 상황이 악화된 주요 산유국의 국부펀드가 투자자금 회수를 위해 국내 주식을 상당 폭 매도

□ 다만 금년 2월 이후 국내 주가는 상승하고 외국인 채권·주식투자자금은 모두 순매수로 전환

― 국제 유가가 반등하면서 위험 회피 성향이 약화된 데다 주요국 중앙은행의 완화적 통화정책에 대한 기대가 높아진 데 기인

23-4

◆ 다음 '△△지역 국가산업단지 부문별 경쟁력'에 대한 서술을 그림으로 바꾸어 나타내시오.

△△지역 국가산업단지의 경쟁력을 부문별로 평가해보면, 단지 활력 부문에서 142를 기록하여 전국(100)을 크게 상회하였으나 어메니티(amenity) 부문(72)과 지역경제와의 연계성 부문(67)에서는 전국(100)보다 경쟁력이 떨어지는 모습이다.

구성

부문별 평가 기준하에서 각 부문별로 설명합니다. 그림을 통하여 각 부문이 어떤 위치에 있는지 나타냅니다.

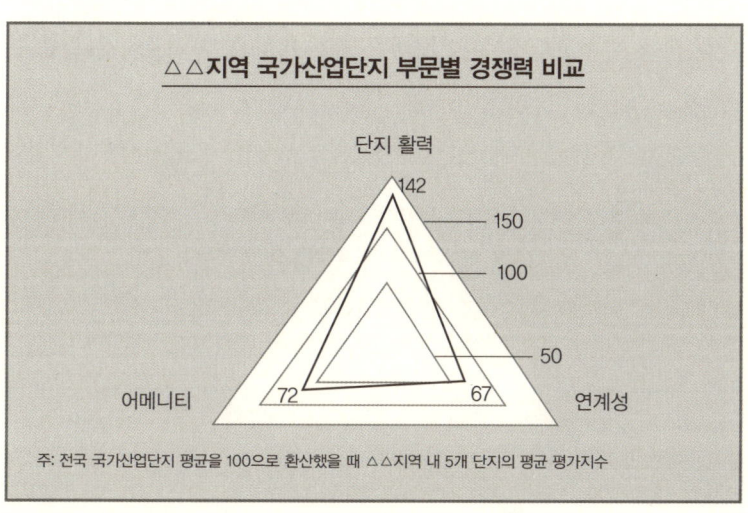

23-5

◆ 제시된 자료를 이용하여 '△△지역 제조업 성장 모멘텀 약화 배경'을 그림으로 표현하시오.

□ 주력 제조업종의 투자 활력이 저하되어 자본 기여도가 하락하였음
□ 지역 혁신 역량이 미흡하고 산업 집적 효과가 제약되어 총요소 생산성의 기여도가 하락하였음
□ 노동시장이 비효율적이어서 노동 기여도가 하락하였음
□ △△지역 제조업 현황을 살펴보면, 주력 제조업종의 투자 활력이 저하되고, 지역 혁신역량이 미흡함. 또한 산업 집적 효과가 제약되고 있으며 노동시장이 비효율적임

☐ 자본기여도, 노동기여도 및 총요소 생산성의 기여도가 하락함에 따라 지역 제조업의 성장 모멘텀이 약화되었음

구성

몇 가지 요인들의 원인과 결과를 고려하여 영향 경로를 화살표로 연결시켜봅니다. 그림은 인과관계를 나타냅니다.

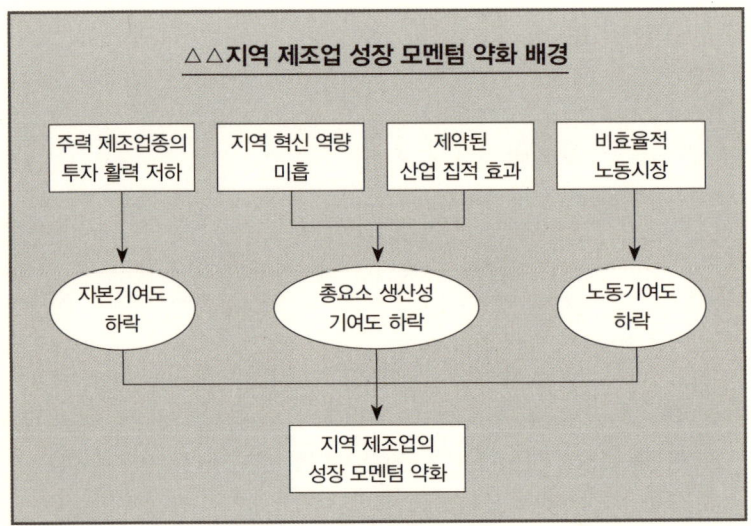

▶ 추가 연습

서술식으로 구성된 보고서를 구하여 개조식으로 표현하는 연습을 해봅시다. 서술식 문장을 구분해 쓰는 과정에서 논리의 구성과 문장의 위치를 고민하다 보면 자신의 글쓰기 역량이 향상되고 있음을 깨닫게 됩니다.

 제7장

점검과 보고

여러 과정을 거쳐 보고서를 작성하고 퇴고까지 마치면 마지막으로 점검을 해야 합니다. '아! 이제 다 끝났다' 하고 기지개를 켤 때가 아닙니다. "끝이 좋으면 모두 좋다"고 했던가요? 마지막이 가장 중요합니다. 점검하고 또 점검해야 합니다.

그런데 점검이 끝났다고 다 끝난 것은 아닙니다. 보고서의 마지막 단계는 보고입니다. 점검된 보고서는 보고를 위한 하나의 수단일 뿐입니다. '보고서'보다 중요할 수도 있는 '보고'에 대해 알아보겠습니다.

24. 점검

24-1

◆ 다음 명제에 [O/X]로 답하시오.

☐ 보고서를 간단하게 정리하지 못했다면 내용을 충분히 이해하지 못한 탓이다.

짧은 보고서의 장점과 한계

보고서를 간단하게 정리하려면 내용의 본질을 꿰뚫어봐야 합니다. 잘 정리된 보고서는 간단하지요. 그러나 아무리 핵심을 잘 이해했다 할지라도 내용이 복잡하면 보고서의 양은 많아질 수밖에 없습니다. 그러므로 잘 정리된 보고서는 짧을수록 좋지만 '보고서는 무조건 짧을수록 좋다'는 명제는 수정되어야 합니다. 짧을수록 좋다는 말은 같은 내용을 포함하고 있을 때만 그렇다고 할 수 있습니다.

24-2

◆ 다음 명제에 [O/X]로 답하시오.

☐ 보고서를 작성하였으면 보고하기 전 시간을 내어 동료에게 보여주는 편이 좋다.

우물 안에서 빠져 나오기

작성이 끝난 보고서를 혼자서 읽으며 깊은 생각에 빠지다 보면 스스로 만족하게 됩니다. 그러나 배가 산으로 갈 때도 있습니다. 생각은 생각을 낳고, 미로에서 헤매기도 하지요. 사람마다 보는 시각은 다르기 마련입니다. 시간이 조금이라도 있다면 동료에게 의견을 구해보기 바랍니다. 관련 부문을 다루어보았던 전문가라면 더 좋겠지요. 다만 비밀스러운 내용이라면 대상은 제한될 수밖에 없습니다.

> **24-3**
>
> ◆ 퇴고 과정에서 본문의 내용과 맞춤법 등을 모두 확인하였다. 그런데 통계표, 수식, 각주 부분을 점검하지 못했다. 보고서를 상사 책상 위에 놓기 전 빠뜨린 부분은 없는지 모두 점검하자. 어떻게 점검할 것인가?

소홀하기 쉬운 부분

문장에서 문장으로 연결되는 논리를 이어가다 보면 소홀히 하기 쉬운 부분이 있습니다. 대표적으로 전체를 대표하는 제목, 단락을 대표하는 소제목 또는 장, 절의 명칭 그리고 통계표, 수식, 각주 등을 들 수 있습니다. 본문의 흐름에서 빠져 있기 때문입니다.

차례, 소제목, 내용의 일치 여부

글 쓰는 과정에서 소제목을 자주 고치게 됩니다. 대개 체계와 차례 등을 정해놓고 시작해 수시로 본문 내용을 수정하게 됩니다. 그런데 본문 수정 단계에서 내용과 소제목이 일치하는지 또는 차례와 소제목이 일치하는지를 수시로 확인하지 않으면 다르게 기록될 경우가 많습니다. 일치 여부를 반드시 점검합시다.

하나씩 확인하기

한 페이지씩 넘겨가면서 페이지마다 여러 가지 수정 사항이 모두 반영되었는지 확인하면 안 됩니다. 우리의 주의력에는 한계가 있으니까요. 먼저 한 가지 수정 항목, 예컨대 '그래프 색상'을 선택하여 첫 페이지부터 마지막 페이지까지 수정한 다음 두 번째 수정 항목인 '표 제목 표시 방법'을 또 처음부터 마지막까지 페이지를 넘기며 확인합시다. 이렇게 여러 번 넘기면서 확인해야 실수가 없습니다.

점검하고 또 점검하기

보고서가 오류 없이 완성되었다고 할지라도 사후에 문제가 발생하기도 합니다. 출력된 자료 중 한 페이지를 누락하는 문제, 반대 방향으로 철해져 있는 문제 등이 있을 수 있습니다. 사소한 실수 하나가 그렇게 중요할까요? '보고자가 한 페이지가 누락된 사실도 모르는데 중요한 내용을 믿을 수 있을까?' 하는 의문이 들면 보고서의 전체적인 신뢰에 문제가 생길 수 있습니다.

25. 보고

25-1

◆ 다음 명제에 [O/X]로 답하시오.

☐ 보고서는 수요독점시장에서 움직인다.

수요와 공급

회사에서 보고서를 쓰거나 학생이 과제를 제출하면, 대개 독자는 보고 라인을 따라 올라가는 직장 상사와 과제 제출을 지시한 해당 교과목 교수입니다. 자신이 열심히 쓴 보고서의 소비자 또는 독자는 매우 제한적입니다. 반면 동일한 주제로 보고서를 제출하는 사람들은 적지 않습니다. 학교에서는 해당 과목을 수강하는 모든 학생이 과제를 제출합니다. 회사에서도 A제품 매출보고서 제출을 지시받은 영업 담당 과장뿐 아니라 영업 담당 라인, 회계부서, 기획부서 담당자 등도 매출보고서를 작성할 수 있습니다.

그러므로 보고서의 수급을 살펴보면 수요자는 적은 반면 잠재 공급자는 많은 구조입니다. 수요독점시장이므로 보고서 작성자는 수요자에 비해 약한 위치에 서게 됩니다. 보고서 작성과 보고 과정에는 이러한 수급 원리가 내재되어 있습니다. 중간 결재자는 보고 받을 때는 수요자이지만, 보고할 때는 공급자로 위치가 바뀌게 됩니다.

> 25-2
>
> ◆ 다음 명제에 [O/X]로 답하시오.
> ☐ 보고서 내용을 말로 요약할 수 있어야 한다.

구두 보고

보고서 내용을 간단히 요약해 말할 수 있어야 합니다. 50페이지 보고서를 작성하여 중간 관리자인 팀장에게는 세세히 보고했지만 CEO에게는 보고서 대신 구두로 핵심만 보고하는 경우도 있습니다. 이때에는 '가능하다', '위험하다', '해볼 만하다' 등의 결론을 핵심 사항으로 제시합니다.

보고는 '업무의 틀'을 '생각의 틀'로 보여주는 절차입니다. 상사들은 보고서를 보지도 않고 "이 보고서를 한마디로 정리하면 무슨 말이냐?", "그래서 뭐하자는 거야?"라는 질문을 많이 합니다. 이럴 때 보고 내용을 한마디로 집약할 수 있어야 합니다.

숨겨진 대안

보고서는 알고 있는 내용의 일부를 표현하는 문서입니다. 자신이 얼마나 알고 있는지를 자랑하는 수단이 아니라 필요한 내용을 알려주는 수단입니다. 그러므로 직장에서의 보고서는 학생들의 과제인 리포트 제출과는 성격이 다릅니다. 한편 산을 오르는 방법 중 동쪽 길을 선택했다면 남쪽 길로 올라가면 무슨 장애가 있는지도 설명할 수 있어야 합니다. 바람직한 대안만 보고서에 반영했을지라도 다른 대안도 별도로 준비하는 편이 좋습니다. 여러분이 탈락시킨 대안이 상사에게는 매력적일 수 있습니다. 어떠한 질문이 나오더라도 미리 준비한 한 장의 메모로 대응할 수 있도록 합시다.

25-3

◆ 다음 명제에 [O/X]로 답하시오.
□ 지위가 높아질수록 글쓰기보다 말하기가 중요해진다.

보고서는 보고를 위한 수단

실무자들은 흔히 문서를 통해 업무가 진행된다고 착각하기 쉽습니다. 그러나 실제로는 여러 차례의 구두 보고와 회의 등을 통해 주요 과정이 진행됩니다. 심지어 보고서 작성이 생략되기도 하지요. 실무자들은 좋은 보고서를 만들면 나머지 일이 원활하게 진행되리라고 착각하곤 합니다. 하지만 직급이 올라갈수록 말하기가 훨씬 중요해집니다. 보고서는 보고를 잘하기 위한 수단일 뿐입니다.

25-4

◆ 다음 명제에 [O/X]로 답하시오.
□ 중간보고는 언제나 필요하다.

지시 재확인

시일이 소요되는 일이면 중간보고를 통하여 지시자 또는 보고받을 사람의 의도를 다시 확인합시다. 동쪽 방향을 제시했는데, 남쪽으로 배를 몰고 가는 경우도 있습니다. 문서 작성의 기본 방향과 체계를 중간보고하면서 반응을 본다면 완성 단계에서 배를 돌려야 하는 결과를 피할 수 있지요. 또한 상사의 지시를 당연히 받아들였는데, 검토 과정에서 문제점을 발견했다면 반드시 중간보고를 하고 새로 논의해야 합니다.

상사의 변덕

일을 시킬 때와 점검할 때 상사의 태도가 달라지는 경우가 많습니다. 막상 보고를 받고 결정해야 할 때에는 자신이 책임져야 하므로 세밀하게 확인하려는 마음이 강해지지요. 또한 상사도 업무 지시 후 그 문제에 대해 계속 생각하면서 추진 방향을 바꾸었을 가능성도 있습니다. 중요한 사안일수록 더욱 그러합니다. 그리고 상사도 그 위의 상급자로부터 다른 지시를 받으면서 의견이 달라지는 경우도 있지요. 마지막으로, 보고서를 작성하는 중에 환경이 바뀌기도 하므로 당초 계획에 어떻게 반영할지도 생각해봐야 합니다. 심지어 중간에 프로젝트가 취소되는 경우도 발생하지요.

중간보고의 방식

때로는 본격적인 회의를 통하여, 때로는 지나가는 말로 간단하게 보고하고 의견을 확인하는 편이 좋습니다. 상사 입장에서도 업무가 진행되는 과정과 속도를 알 수 있으므로 실무자에게 편안하게 일을 맡길 수 있다는 이점이 있습니다.

25-5

◆ 다음 명제에 [O/X]로 답하시오.

☐ 보고 회의에서 국장과 팀장의 의견이 다를 때 담당자는 국장 의견에 동의하여야 한다.

어느 편에 설 것인가?

지난주 실무자인 당신과 팀장은 충분한 협의를 통하여 보고서를 작성했습니다. 오늘 보고 회의에서 팀장은 보고서에 나와 있는 대로 A안을 주장한 반면, 국장은 B안이 더 좋을 것 같다는 의견을 제시했습니다. 실무자로서 팀장을 따라 국장실로 들어간 당신은 누구 편을 들어야 할까요? 당연히 팀장입니다.

사전 협의와 승복

국장 의견인 B안에 동의하려면 국장에게 보고하기 전 팀장에게 B안이 더 좋을 것 같다는 의견을 제시했어야 합니다. 이때 팀장이 B

안을 받아들이지 않으면 강력하게 주장해야 합니다. 수용할 수 있는 논리와 각종 증빙이 있다면 상사가 받아들이지 않을 수 없습니다. 그런데도 팀장이 수용하지 않았다면 나름대로 뜻이 있겠지요.

일반적으로 조직에서는 상사가 지식과 경험이 많습니다. 그리고 합의하지 못할 때 결정하라고 있는 사람이 단위 조직의 장長입니다. 팀장의 의견을 따라야 합니다. 만약 국장과 팀장 사이에서 결론이 나지 않으면 국장이 원하는 B안으로 가게 되겠지요.

팀 정신

여러분이 회의에서 차상급자인 국장 의견에 동조한다면 이는 팀장에 대한 일종의 '배신'입니다. 그렇다면 어떤 팀장이 다음 보고 때 실무자를 데리고 가겠습니까? 보고하러 가는 순간부터 팀장과 팀원은 준비한 의견을 관철시키러 "돌격 앞으로!" 하는 군인과 같습니다. 사전에 실무자가 팀장 의견에 동의했는지는 중요하지 않습니다. 국장을 상대하다가 전세가 불리해지면 지휘관인 팀장이 철수 명령을 내릴 것입니다. 하급자가 먼저 후퇴의 신호를 보내서는 안 됩니다.

대항

그러나 만약 A안이 조직에 치명적인 손실을 끼칠 가능성이 있거나 법령이나 규정을 위반해 공정한 직무 수행을 해한다면 B안을 강력하게 주장해야 합니다. '불편한 진실'을 보고하고 주장하기는 어렵습니다. 상사가 A안으로 가자고 할 때 B안으로 가야 한다고 대항하기는 어렵지만, 민감한 사안이라면 상급자인 팀장이 이를 받아들이지 않을 경우 차상급자인 국장에게 보고해야 합니다. 다만 이 경우 향후 팀장과의 관계가 어려워질 수 있습니다. 주요한 과제라면 위험을 감수해야 합니다. 세상에 쉬운 일은 없습니다.

25-6

◆ 다음 명제에 [O/X]로 답하시오.

☐ 부장이 본부장에게 보고할 때 배석한 담당자는 부장과 본부장 간의 주요 대화 내용을 기록한다.

☐ 부장이 본부장에게 보고할 때 배석한 담당자는 대화 진행에 따라 본문과 관련된 통계 자료 등을 확인한다.

적자생존

보고하는 과정에서 상사의 의문 사항이나 지시 사항을 반드시 기록해야 합니다. 이와 같은 모습은 적어도 '나는 당신의 이야기를 경청하고 있다'는 신호를 보냅니다. 부장은 본부장의 질문에 대해 생각하고 답변해야 하므로 대화 내용을 완벽하게 기록하기가 쉽지 않습니다. 실무자로 참석했다면 대화를 같이 기록합시다. 이제 적자생존適者生存은 '적는 사람이 살아남는다'는 뜻이기도 합니다. 주요 핵심 사항만 적다 보면 나중에 구체적인 사항이 기억나지 않을 수 있으므로 가능한 한 세밀하게 기록해야 합니다.

질문에 대한 대응

보고서에 들어가는 내용에는 한계가 있습니다. 보고자와 함께 보고에 들어간 실무자는 준비해온 통계표 등 참고 자료를 보고의 진도에 맞춰 넘기면서 혹시 관련 질문이 나오면 보고자가 즉시 활용할 수 있도록 준비합니다. 다만 실무자가 보고자 대신 질문에 먼저 대답하거나 너무 나서서 보고자를 곤란한 상황에 빠뜨리지 않도록 합니다.

25-7

◆ 다음에 찬성하는가? 의견을 말하시오.

☐ 지금은 오후 4시다. 오늘 6시까지 보고하기로 한 보고서가 아직 완성되지 않았다. 기본적인 내용은 대충 들어가 있는 것 같다. 내용을 추가하여 완성된 형태로 보고할까 망설이다가 그냥 시한에 맞춰 보고하려고 한다.

미완성의 완성

비록 완성되지 않은 상태라도 기본 방향을 정했으면 시한에 맞춰 보고합시다. 기차가 떠난 후에는 아무리 좋은 보고서라도 소용이 없습니다. 반면 기본 방향이 만족스럽다면 보충해서 완결할 수 있는 시간이 추가로 주어질 수도 있습니다.

 제8장

생각 정리

1. '손가락'은 '달'을 가리키기 위한 수단이었습니다. 달에 옥토끼가 있다면 보름달뿐 아니라 초승달에도 있겠지요. 달을 가리켰으니 달 탐사 우주선을 띄워야겠습니다.

2. '생각'과 '글'은 서로 영향을 주고받으며 정리되어 갑니다. 선행 연구에 생각을 더하여 글이 되며, 글을 쓰는 과정에서 새로운 생각이 더해집니다. 이 둘의 상호 작용이 멈추는 시점에서 보고서는 완성됩니다.

3. 아무리 실전을 위한 훈련을 했다고 할지라도 모두 '연애를 글로 배우고 수영을 교과서로 익히는 과정'이었습니다. 이제 연애 상대를 찾아 나서고 물속으로 들어갑시다.

4. '준비 운동'은 '글쓰기 기준'을 설명하는 다른 책들에 대한 반론이었습니다. 또한 시작부터 허우적거리며 온몸으로 수영장 물을 느껴보는 과정을 통해 독자에게 몸 풀기 시간을 주려는 의도였습니다.

5. '형식을 위한 수학'을 통해 사고 체계를 정리하고자 시도했습니다. 체계적인 글쓰기의 바탕에는 반드시 체계적인 사고가 있어야 합니다.

6. '글쓰기의 내용과 형식'이라는 동전의 앞뒷면에 대해 살펴보았습니다. 내용이 물론 중요하나 형식이 내용을 제약한다는 점을 알았습니다. 또한 몇 가지 형식을 통하여 사고를 체계적으로 정리하고, 나아가 사고를 이끌어내고자 하였습니다.

7. 글쓰기 '기준'을 익혀야 하지만 '기준'은 때로 상충하는 제안을 하기도 합니다. 이러한 기준들을 어떻게 적용해나갈지에 대해 알아보았습니다.

8. 첫 단계에서는 '기준'을 생각하면서 글을 써야 하지만 충분히 익힌 다음에는 저절로 '기준'을 따르는 자신을 발견하게 될 것입니다. 그 순간 '기준'을 놓아버립시다.

9. '수정 연습'을 통하여 타산지석他山之石의 교훈을 얻고자 했습니다. '아! 이렇게 쓰면 곤란하구나!' 하는 깨달음을 얻었길 바랍니다.

10. '작성 연습'을 제시하여 주어진 자료를 바탕으로 직접 글을 써보는 기회를 마련하였습니다. 그러나 제시된 정보에는 한계가 있습니다. 실전에서는 정보를 스스로 수집하고 잘못된 정보를 스스로 차단해야 합니다.

11. '보고서'보다 중요하다고 할 수도 있는 '보고'에 대해 알아보았습니다. 보고서는 보고하기 위한 수단이라는 점을 알았습니다.

12. 문제가 제기되었을 때 그동안 당연하다고 생각했던 많은 것이 비로소 낯설게 느껴집니다. 글쓰기 방식을 서술하는 대신 '문제를 제기하고 설명하는 과정'을 가졌습니다. 제시된 설명을 당연히 여기는 습관에 대한 대응이었습니다.

13. '글쓰기'란 많이 읽고, 많이 생각하고, 많이 써보는 과정에서 이루어집니다. 이 책은 다독多讀, 다상량多商量, 다작多作이라는 옛 교훈에 대한 각주일 뿐입니다.

맺음말

다시 손가락으로
달을 가리키며

한국은행에서 서른 해가 넘도록 금융·경제 보고서를 가까이하면서 글쓰기의 '야전교범'을 마련해보고 싶은 마음이 있었는데, 마침 '보고서 작성법'에 대한 강의 진행을 계기로 간단한 설명 자료에 몇 가지 생각을 덧붙여 보았습니다.

원고를 쓰기 시작하는 단계에서는 야심 찬 의욕이 있었습니다. 우선 이미 발간된 책들이 '글은 이렇게 써야 한다'는 기준을 중심으로 설명하고 있는 데 반하여 '현장에서 어떻게 써야 하는가?'라는 문제에 답하고 싶었습니다. 본문에서도 여러 번 언급했듯이 '연애를 글로 배우고 수영을 교과서로 익히기'란 실전에 도움이 되지 않습니다. 실제로 연애와 수영을 해봐야 한다고 생각했습니다. 그래서 중점을 둔 부분이 '수정 연습'과 '작성 연습'입니다. 제한된 분량의 책에서 이를 실천하기는 어렵지만 차선책이라고 판단했습니다.

다음으로 기존 책들이 제시하고 있는 '간략하게 쓰기'와 '유려하게 쓰기' 등 상충하는 기준들을 어떻게 조정하여 실전에 적용해볼 수 있는가 하는 문제에 답하고 싶었습니다. "쇠뿔도 단김에 빼라"와 "돌다리도 두드려보고 건너라"라는 두 격언이 모두 틀린 말은 아닐지라도, 어떻게 해야 하는 시점인지를 모른다면 우리 삶에 도움이 되지 못합니다. 그래서 '상충: 갈등과 조정'이란 꼭지를 마련해보았지만 상황논리에서 빠져나오는 데는 한계가 있었습니다.

마지막으로 기존 책들이 글쓰기의 문장과 형식에 중점을 두고 있는 데 반하여 형식을 통하여 생각을 만들어낼 수 있다는 점을 부각하고자 했습니다. 글쓰기의 주제, 내용, 아이디어가 체계와 문장보다 중요하지만, 보고서는 형식을 통하여 완성됩니다. '작용과 반작용'처럼 형식을 통해 사고를 이끌어낼 수 있다면 얼마나 좋을까요? 그러나 새로운 생각을 도출하는 데까지는 미치지 못하고 기존의 책들이 빠뜨린 '빈칸'을 채우는 데서 끝난 듯해 아쉬움이 남습니다.

맺음말을 정리하다 보니 당초 목표 대비 미흡한 점뿐 아니라 원고를 쓰는 과정에서 알게 된 다른 부족한 점도 마음에 걸립니다. 우선 연습 문제로 긴 글을 다루지 못했다는 점입니다. 한 장짜리 보고서와 열 장, 스무 장, 서른 장짜리 보고서는 포함되는 내용뿐 아니라 이를 통제하는 방법이 다릅니다. 보고서가 길어질수록 체계와 문장의 일관성을 유지하고 대응시키는 과정이 훨씬 복잡해지지요. 원고 분량의 제약을 핑계 삼아야만 했습니다.

다음으로 글쓰기는 많이 읽고 생각하고 직접 써보는 방법이 왕도이므로 이를 도우려면 독자 스스로 쓴 글을 다른 사람이 '빨간 펜'으로 고쳐주는 방식이 최선입니다. 그러나 책을 통해서는 이를 실천할 수 없다는 데 기본적인 한계가 있었습니다.

끝으로 금융·경제 보고서에도 여러 종류가 있으며 각기 다른 특성을 나타내는데, 본문에서는 공통 부분에만 초점을 맞춰 서술한 문제가 있었습니다. 좀 더 충분하게 시간을 투여했더라면 각각의 특성에 맞는 구체적인 설명도 가능했으리라 생각합니다. 원고 분량의 제약뿐 아니라 게으름을 탓할 수밖에 없군요.

기회가 주어진다면 〈기본편〉의 부족한 점을 보충하기 위해 보고서의 내용에 대한 또 다른 접근법, 긴 글을 다루는 법, 보고서 종류별 작성법의 차이점 등을 위한 〈심화편〉을 준비할 계획입니다.

달을 보기 위해서는 방향을 따라가야 하므로 손가락을 무시할 수 없습니다. 그러나 달을 찾은 다음에는 잊어야 하겠지요. 부디 이 책을 읽은 모든 분들은 '보고서 작성법'을 잊어버리시기 바랍니다.

부록 1
금융·경제 보고서 개조식 작성 지침(예)

부록 2
금융·경제 보고서 서술식 작성 지침(예)

부록 3
띄어쓰기(예)

부록 4
순화가 필요한 표현(예)

부록 1

금융·경제 보고서 개조식 작성 지침(예)

◆ 문장을 간략하게 표현함으로써 시각적 효과를 극대화하도록 작성함
◆ 문단 내용에 따라 구분하면서 집합 관계, 원인과 결과, 진행 순서 등을 명확히 드러내도록 작성함

[간결한 표현]

□ 문장의 어미를 생략하거나 간단히 함으로써 간결하게 표현함
　- 어미를 명사로 끝내도록 함
　　(예) 추진
　- 다만 필요 시 시제를 명확하게 드러냄
　　(예) 추진하였음, 추진하겠음, 추진할 계획임

[구분]

□ 문서의 본문내용을 2개 이상의 항목으로 구분할 필요가 있을 때에는 '1. 가. 1). 가), (1), (가), ①, ㉮'의 순으로 구분하여 작성함
  - 보고서 분량이 많을 경우 등 필요시 Ⅰ·Ⅱ와 같은 로마숫자로 소제목을 구분할 수 있음
  - '□, −, ○, · ' 등의 특수기호로 문장이나 문단을 구분하는 것도 가능함. 순서는 '□'이 맨 앞에 오며, 다음으로 '−, ○' 순 또는 '○, −'의 순으로 배치함

[위상]

□ 위에서 설명한 각 부호는 부호에 따라 밑으로 내려갈수록 오른편으로 1칸씩 들여쓰기를 함

[순서]

□ 현상의 원인과 결과, 일의 진행 순서 등을 화살표(→, ➡ 등)를 통하여 명확하게 드러냄

[글자 크기]

□ 본문 문장의 글자 크기는 13포인트 이하로 작성하되, 주석 등의 보조적·보완적 기술내용은 13포인트보다 작은 크기로 작성함
  - 회의 및 행사 결과, 객관적 사실의 기록 등 단순 사실전달을

위한 문서의 경우 12포인트 이하로 작성하는 것을 적극 권장함
— 문서의 표지와 목차, 소제목 등은 13포인트보다 큰 글자로 작성 가능함

[여백]

□ 문서의 좌우 여백은 각각 25mm, 상하 여백은 각각 15mm, 줄 간격은 140% 이하로 설정함

[쪽]

□ 문서 본문의 쪽(페이지) 표기는 본문 각 페이지의 하단 중앙에 본문의 총 페이지 수와 함께 나타나도록 표기함
(예) 1/7, 4/25

[기타]

□ 위에서 설명하지 않은 세부사항은 '서술식 작성 지침'을 준용함

부록 2

금융·경제 보고서 서술식 작성 지침(예)

◆ 공동 글쓰기 작업에서는 '작성 지침'을 사전에 구체적으로 정하여 여러 집필자들에게 미리 알려야 함
◆ 혼자 작성할 때에도 기준을 미리 정해 놓으면 글쓰기 과정에서 편할 뿐 아니라 정리 시간을 단축할 수 있음

1. 본문 작성 형식

[목차 구분]

☐ 두꺼운 보고서 또는 책자를 작성하는 경우 '장(Ⅰ, Ⅱ) → 절(1, 2) → 항(가, 나) → 목((1), (2)) → 소제목 → 내용' 순으로 기술
　― 절 이하의 경우 내용이 길지 않으면 항·목 구분을 생략할 수 있음. 단, 소제목은 반드시 설정하도록 함

- 소제목은 가급적 1줄로 작성하고, 조사를 사용하지 않음
  (예) 좁은 범위 내 등락(○) vs 좁은 범위 내에서 등락(×)
□ 간단한 보고서를 작성하는 경우 'I, II' → '1, 2' → '□' → '−' → 'O' → 내용 순으로 기술

[용지 및 여백]

□ 용지종류: A4, 용지방향: 좁게, 문단: 1단 편집, 다만 책의 경우 2단 편집 가능*

　* 단 2단 편집의 경우에도 〈부록〉 중 조직도, 각종 규정 개정표(전·후 비교표), 재무제표, 경제일지 등은 1단으로 작성 가능함

□ 여백: 위쪽 30.0mm, 아래쪽 30.0mm, 왼쪽 24.0mm, 오른쪽 30.0mm, 머리말 25.0mm, 꼬리말 25.0mm

[글자 모양]

□ 본문
  - 글꼴: 신명조(내용), HY중고딕(제목, 각주 등 기타 부분)
  - 크기: 장 14pt, 절 12pt, 항·목 12pt, 소제목 11pt, 내용 10pt, 각주 7pt

□ 참고 Box
  - 글꼴: HY중고딕(제목, 내용, 각주 등)
  - 크기: 제목 12pt, 내용 9pt

[문단모양(본문, 참고 Box 공통)]

□ 들여쓰기: 10pt

□ 줄간격(160%) 및 기타사항: 기본값

[표, 그림(본문, 참고 Box 공통) 형식]

□ 글꼴: HY중고딕
  — 제목 9pt, 내용 7pt, 단위 및 주석 7pt

□ 크기: 가로 74mm(2단) 또는 150mm(1단), 세로 길이는 적절히 조정
  — 1단 편집 원칙, 책 원고작성 등의 경우 2단 편집도 고려

□ 위치: 글자처럼 취급(X), 본문 내용 → 그림 → 표 순으로 배치

□ 여백/캡션: 바깥 여백 위쪽 10.0mm, 아래쪽 10.0mm

[표 및 그림]

□ 단위: (좌)우측 상단에 표기

□ 금액: 한글로 표기(예: 10억 원)

□ 잠정자료: 잠정표시 'p(소문자, 첨자 아님)'를 부기

□ 기간: 시각적 효과, 편집 가능여부 등을 고려하여 원칙적으로 다음과 같이 설정하되 내용상 장기 추세가 필요한 경우는 다소간

의 차이도 허용

- 표: (2개년도 표기) 월, 분기수치나 증감율, 비중 등을 나타내는 경우

  (4개년도 표기) 연중수치만 나타내는 경우

- 그림: (2개년도 표기) 데이터를 월, 분기단위로 나타내야 하는 경우

  (3개년 이상 다년도 표기) 장기의 추세를 표현할 필요가 있는 경우

〈표〉

경제 성장률[1]
(전기 대비)

(단위: %)

	2012		2013p							
		연간	I		II		III		IV	
G D P	2.0	2.8	0.8	(1.5)	1.1	(2.3)	1.1	(3.3)	0.9	(3.9)
최종 소비	2.2	2.1	−0.1	(1.4)	1.1	(2.3)	0.8	(2.3)	0.7	(2.5)
고정 투자	−1.7	3.8	3.8	(−3.8)	2.2	(2.9)	2.2	(5.9)	−0.1	(8.8)
재고증감[2]	−0.1	−0.3	−0.4	(0.3)	−0.6	(−0.8)	0.5	(0.1)	0.4	(−0.5)
수 출	4.2	4.3	3.0	(3.4)	1.8	(5.7)	−1.3	(2.4)	2.0	(5.5)
수 입	2.5	3.5	2.5	(1.8)	1.1	(4.7)	−0.6	(2.3)	2.1	(5.2)
국민총소득	2.6	4.2	0.8	(3.5)	2.9	(4.7)	0.2	(4.1)	0.6	(4.6)

주: 1) ( )는 전년동기대비 증감률
　 2) GDP성장률에 대한 기여도(%포인트)
자료: 한국은행

<그림>

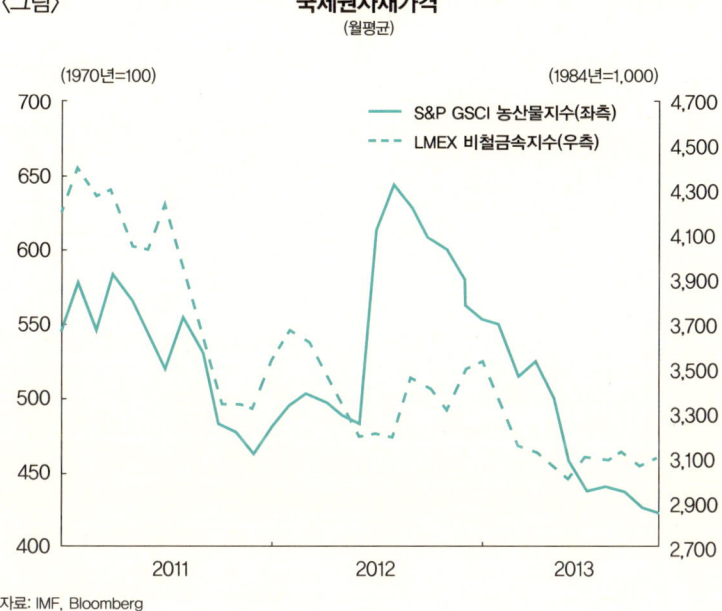

국제원자재가격
(월평균)

자료: IMF, Bloomberg

2. 편집상 통일을 요하는 표기원칙

[서술]

☐ 본문, 참고 Box 등의 내용 및 각주는 서술식으로 작성(단, 도표의 각주는 개조식)

☐ 문두에 '2016년 중', '○○회사', '△△기관' '◇◇은행' 등의 용어는 가급적 동일 소제목 내에서 한번만 사용

☐ 접속부사(한편, 아울러, 이와 함께, 이밖에, 또한 등)는 과잉 사용을 자제하고, 앞 뒤 문장을 살펴 연속으로 쓰는 것을 지양

□ 용어를 설명하는 각주의 경우 각주 부분에서는 주석 대상 용어를 재사용하지 않음

　(예) 클라우드 컴퓨팅* 등 새로운 …

　　* 인터넷상의 서버를…(○) vs 1) 클라우드 컴퓨팅은 인터넷상의 서버를…(×)

[띄어쓰기]

□ 제목: 장·절·항·목 부호와 제목 사이는 한 칸만 띌 것

　(예) II. 경제동향, 1. 실물경제, 나. 국내경제, (1) 경제성장

[영문, 한자 및 줄임말]

□ 원칙적으로 한글로 작성하되 꼭 필요한 경우에만 영문을 (　) 속에 병기

□ 주요 경제용어, 국제기구명칭 등의 경우 영문 및 영문 줄임말 사용 가능

　─ 동일 절 내에서 처음에는 본딧말 full name과 줄임말 abbreviation을 함께 쓴 후 다음부터는 줄임말을 사용함

　　(예) 국내총생산(GDP) 성장률이 … GDP성장률은 …

　　　　금융안정위원회(FSB, Financial Stability Board)에 참여하여 … FSB는

□ 한글 줄임말 및 한자는 가급적 사용하지 않음

O	X
통화안정증권	통안증권
대중국 수출	對중국 수출
미 달러화	美 달러화

[특수문자]

□ 꺾쇠(「 」) 사용: 주요 제도, 법령, 행사, 간행물 등의 명칭, 주제, 내용 등을 인용 및 강조할 필요가 있을 때는 꺾쇠(「 」, 완성형 (KS) 문자)를 사용

□ 괄호( ) 사용: 본문 중 괄호( )를 이용한 설명은 지양

□ 꺾쇠(「 」)와 괄호( )의 연결 표기 시에는 꺾쇠 안에 괄호를 삽입 (예)「중앙은행 세미나(Central Banking Seminar)」를 개최(11~ 12월) …

□ 그 밖의 특수문자는 가급적 사용하지 않음

[수치]

□ 금액, 수량, 단위, 증감률 등의 표기는 원칙적으로 소수점 아래 단위를 쓰지 않음

— 단 주요통계의 증감률은 소수점 이하 첫째자리까지 표기(어

음부도율, 금리 등은 소수점 이하 둘째자리까지 표기)

□ 금액은 문장에서는 만원 단위로 끊어서 우리말로 표기. 도표에서는 설정한 단위에 맞추어 표기
(문장 예) 17,230억 원(×) → 1조 7,230억 원(○)

[시기]

□ 특정 제도의 도입이나 시행, 주요 행사의 개최 등에 대해 기술할 경우 도입, 시행 또는 개최 시기를 표기
   - 법률 개정 등 시기를 명확하게 나타내어야 하는 경우 연월일까지 표기. 그 밖의 경우 중요성에 따라 월만 기입하고, 명확한 시기를 정하기 어렵거나 중요성이 낮은 경우에는 표기하지 않음

□ 분기는 문장에서는 1/4분기, 2/4분기, 도표에서는 Ⅰ, Ⅱ 등으로 표기

부록 3

띄어쓰기(예)

◆ 한글 띄어쓰기는 생각보다 어려움. 일반적으로 틀리기 쉬운 띄어쓰기의 예를 제시함
◆ 보고서 작성의 현장에서는 전문용어를 중심으로 표준에 비하여 붙여 쓰기가 많이 일어나고 있음

[원칙]

☐ 조사는 그 앞말에 붙여 씀

  (예) 꽃마저, 집에서처럼, 어디까지나, 들어가기는커녕, "알았다."라고, 온 사람은 철수뿐*이다

  * '뿐'은 명사 뒤에서는 조사이고, 관형형 어미 뒤에서는 의존 명사로 쓰인다

☐ 의존 명사는 띄어 씀

  (예) 웃을 뿐이다, 그가 떠난 지가 오래다, 네가 뜻한 바를 알겠

다, 먹을 만큼 먹어라.
- 'ㄴ데' 또는 'ㄴ바'의 경우 조사가 결합할 수 있으면 띄어 쓰고 결합할 수 없으면 띄어 쓰지 않음

(예) 학교에 가는데(에) 비가 오기 시작했다. (조사 결합 불가능 ⇒ 띄어 쓰지 않는다) 이 일을 하는 데(에) 며칠이 걸렸다. (조사 결합 가능 ⇒ 띄어 쓴다) 금강산에 가 본바(카) 과연 절경이더군. (조사 결합 불가능 ⇒ 띄어 쓰지 않는다) 그 일은 고려해 본 바(가) 없다. (조사 결합 가능 ⇒ 띄어 쓴다)

□ 단위를 나타내는 명사는 띄어 씀

(예) 한 개, 차 한 대, 집 한 채, 연필 한 자루, 풀 한 포기, 열 바퀴

- 다만, 순서를 나타내는 경우나 숫자와 어울리어 쓰이는 경우에는 붙여 쓸 수 있음

(예) 두시 삼십분 오초, 제일과, 삼학년, 16동 502호, 7미터, 10개

□ 수를 적을 적에는 '만萬' 단위로 띄어 씀

(예) 십이억 삼천사백오십육만 칠천팔백구십팔, 12억 3456만 7898

- 금액을 적을 때는 변조變造 등의 사고를 방지하려는 뜻에서 붙여 쓰는 게 관례로 되어 있음

(예) 일금: 삼십일만오천육백칠십팔원정.

□ 두 말을 이어 주거나 열거할 적에 쓰이는 다음의 말들은 띄어 씀
  (예) 열 내지 스물, 장관 겸 부총리, 친구도 만날 겸 구경도 할 겸, 남자 대 여자, 5 대 3

□ 단음절로 된 단어가 연이어 나타날 적에는 붙여 쓸 수 있음
  (예) 그때 그곳, 좀더 큰 것, 이말 저말, 한잎 두잎, 좀더 큰 이 새 집, 한잔 술, 내것 네것
  – 한 개 음절로 된 단어는 무조건 붙여 쓸 수 있는 것이 아님. 관형어와 관형어, 부사와 관형어는 원칙적으로 띄어 쓰며, 또 부사와 부사가 연결되는 경우에도 의미적 유형이 다른 단어끼리는 붙여 쓰지 않는 게 원칙임
    (예) 훨씬 더 큰 새 집, 더 큰 이 새 책상, 더 못 간다, 꽤 안 온다, 늘 더 먹는다

□ 보조 용언은 띄어 씀을 원칙으로 하되, 경우에 따라 붙여 씀도 허용함
  (예) 불이 꺼져 간다 / 불이 꺼져간다. 비가 올 듯하다/비가 올듯하다, 잘 아는 척한다/잘 아는 척한다
  – 다만, 앞말에 조사가 붙거나 앞말이 합성 동사인 경우, 그리고 중간에 조사가 들어갈 적에는 그 뒤에 오는 보조 용언은 띄어 씀
    (예) 잘도 놀아만 나는구나!, 네가 덤벼들어 보아라, 그가 올 듯도 하다, 잘난 체를 한다, 강물에 떠내려가 버렸다

□ 성과 이름, 성과 호 등은 붙여 쓰고, 이에 덧붙는 호칭어, 관직명 등은 띄어 씀

(예) 김양수, 채영신 씨, 최치원 선생

— 다만, 성과 이름, 성과 호를 분명히 구분할 필요가 있을 경우에는 띄어 쓸 수 있음

(예) 남궁억/남궁 억, 독고준/독고 준, 황보지봉/황보 지봉

□ 성명 이외의 고유 명사는 단어별로 띄어 씀을 원칙으로 하되, 단위별로 띄어 쓸 수 있음

(예) 한국 대학교 사범 대학/한국대학교 사범대학

□ 전문 용어는 단어별로 띄어 씀을 원칙으로 하되, 붙여 쓸 수 있음

(예) 중거리 탄도 유도탄/중거리탄도유도탄, 해양성 기후/해양성 기후, 긴급 재정 처분/긴급재정처분

□ '못'과 '아니(안)': 부사로 쓰일 때는 뒤의 말과 띄어 쓰지만 '하다', '되다'와 합성될 때는 품사가 달라져 붙여 쓸 때도 있음

— 아니(안): 부정, 반대의 뜻을 나타내는 부사

아니 왔다, 안 보다, 안 입다

김 부장이 점심을 먹지 아니했다. (보조동사)

사무실이 깨끗하지 않았다. (보조형용사)

그 일을 안 해도 그만이야! (부사)

* '안되다'는 섭섭하거나 가엾어 마음이 언짢거나 근심이나 병 따위로 얼굴이 상해 보일 때만 붙여 쓰고 그 외에는 모두 띄어 쓴다.

— 못: 주로 동사 앞에서 부정의 뜻을 나타내는 부사

　　　　못 먹다, 잠을 못 자다, 거리가 400미터가 못 되다
　─ '못하다'와 '못 하다'
　　　　술을 못하다, 공부를 못하다, 대답을 못하다 (보조동사)
　　　　아무리 못해도 열 명은, 성격이 좋지 못하다, 울다 못해 웃는다 (형용사)
　　　　박 과장은 일을 못한다. (일정한 수준에 못 미치거나 할 능력이 없음)
　　　　박 과장은 일을 못 한다. ('못 처리하다', '못 해결하다'의 대동사)
　　　　나는 청소를 못한다. (청소를 지저분하게 함)
　　　　나는 청소를 못 한다. (바빠서 하지 못함)
　　　　말 못 할 사정 (상황 때문에 못함)
　　　　감당 못할 일 (능력이 되지 않음)

□ '잘하다', '잘되다', '못되다'는 뜻에 따라 띄어쓰기가 서로 다름
　─ 잘하다: 옳고 바르게 함, 좋고 훌륭하게 함, 익숙하고 능란하게 함, 버릇으로 자주 함, 음식 따위를 즐겨 먹음, (반어적으로) 하는 짓이 못마땅함, 친절하고 성의껏 대함 등의 뜻으로 쓰이거나 '잘하면', '잘해서', '잘해야' 꼴로 쓰일 때는 붙여 쓰고 그 외에는 띄어 씀
　─ 잘되다: 일, 현상, 물건 따위가 썩 좋게 이루어짐, 사람이 훌륭하게 됨, 일정한 수준이나 정도에 이르다, (반어적으로) 결과가 좋지 아니하게 되다 등과 같은 뜻일 때는 붙여 쓰고 그 외에는 띄어 씀

− 못되다: 성질이나 품행 따위가 좋지 않음, 일이 뜻대로 되지 않은 상태에 있음, 일정한 수준이나 정도에 이르다, (반어적으로) 결과가 좋지 아니하게 되다 등의 뜻일 때는 붙여 쓰고 그 외에는 띄어 씀

□ '몇'은 '몇몇 개', '몇십 개', '몇백 개', '몇천 개' … '몇억 개', '몇조 개' 등에서만 붙여 씀 (단, '십 몇 년', '몇십 년'은 주의)

□ '수'는 관형사지만 '수년', '수개월', '수차례'에서는 붙여 씀 (단, '수세기/십수 년/수백 개' 주의)

◆ 틀리기 쉬운 띄어쓰기 표현 사례를 제시함

구분	✕	○
가능하다	지원가능한 사용가능한	지원 가능한 사용 가능한
가량	1/2 가량은	1/2가량은
각	각1부	각 1부
간	부서간 직원간 양국가간	부서 간 직원 간 양 국가 간
개	150여개 23만개	150여 개 23만 개

구분	✕	○
개국	60여개국	60여 개국
거치	2년거치 2년상환	2년 거치 2년 상환
계획	시행계획	시행 계획
공고	모집공고	모집 공고
관련	관련분야 직무관련	관련 분야 직무관련
기준	법적기준	법적 기준
기재	허위기재 기재착오	허위 기재 기재 착오
까지	어느선 까지이며	어느 선까지이며
내	기한내 경제팀내 3일내	기한 내 경제팀 내 3일 내
내용	업무내용 내용작성	업무 내용 내용 작성
년간	50여년간	50여 년간
단위	원단위로	원 단위로
대비	전년대비	전년 대비
더	더이상은	더 이상은
데	발전시키는데 한다는데 의견을 같이 하였다	발전시키는 데 한다는 데 의견을 같이하였다
동안	그 동안 기간동안	그동안 기간 동안

부록 3 띄어쓰기(예)

구분	×	○
되다	안정화 되는 발사 될	안정화되는 발사될
드리다	알려드리다	알려 드리다
등	주식, 채권등	주식, 채권 등
말	12월말 2016년말	12월 말 2016년 말
명	3천명 3,000여명	3천 명, 3,000여 명
미만	30%미만	30% 미만
및	정책개발및성과관리	정책개발 및 성과관리
바	아래 밝힌바와 같이 시행한 바 있고	아래 밝힌 바와 같이 시행한 바 있고
—는바	계획인 바 요청한 바 하는 바 발전해 온 바	계획인바 요청한바 하는바 발전해 온바
바람	전달바람 참고바람	전달 바람 참고 바람
방법	심사방법	심사 방법
부처	4개부서	4개 부서
뿐	회사 뿐 아니라	회사뿐 아니라
뿐만	영업활동 뿐만아니라	영업 활동뿐만 아니라
상	영수증 상의	영수증상의

구분	✗	○
상환	2년거치 2년상환	2년 거치 2년 상환
서류	구비서류	구비 서류
수	시설수	시설 수
시/분	6시30분	6시 30분
시	계약시 작성시 소득산정시	계약 시 작성 시 소득산정 시
안	안됩니다	안 됩니다
앞	참가자앞 ○○부앞	참가자 앞 ○○부 앞
양	양국가간	양 국가 간
어느	어느선 까지이며	어느 선까지이며
업무	제반업무	제반 업무
없다	차질없이 착오없으시기 변동없음	차질 없이 착오 없으시기 변동 없음
여 개	150여개	150여 개
여 명	3,000여명	3,000여 명
여 부	연체여부	연체 여부
여 회	50여회	50여 회
외	용도외	용도 외
우리	우리경제	우리 경제

구분	×	○
원	9,355천원 억원	9,355천 원, 억 원
이날	이 날	이날
이상	50%이상 1년이상	50% 이상 1년 이상
이전	시행이전	시행 이전
이중	이중	이 중
이하	10명이하	10명 이하
이후	취임이후부터	취임 이후부터
이다	문서 입니다	문서입니다
있다	실효성있게 역량있고	실효성 있게 역량 있고
자로	3일자로	3일 자로
재	재 교육을	재교육을
전	배치전 경기전	배치 전 경기 전
정도	회생정도	회생 정도
제	제 3장	제3장
조건	우대조건	우대 조건
중인(중)	추진중인 사용중인	추진 중인 사용 중인
직함(호칭)	김부장	김 부장

구분	×	○
첫	첫 해인	첫해인
초	내년초	내년 초
하게/하다	간소화 하게	간소화하게
하다	개시 할 신청 할 입국 할 활용할수	개시할 신청할 입국할 활용할 수
함께하다	지역사회가 함께 하는	지역사회가 함께하는
회	50여회 월2회	50여 회 월 2회
후	승인후 계약 체결후 취임후	승인 후 계약 체결 후 취임 후

※ 이 자료는 국립국어원에서 만든 《한눈에 알아보는 공공언어 바로쓰기》를 참고하였음

부록 4

순화가 필요한 표현(예)

- 한자어, 외래어, 외국어 등 순화가 필요한 표현을 가급적 순우리말로 바꿈. 그러나 해당 용어가 외래어 표현 등으로 널리 사용되고 있다면 무리하게 순우리말 등으로 바꿀 필요는 없음. 현재 많은 사람이 공감하는 번역이 이루어지지 않았거나 널리 사용되지 않아 우리말로 쉽게 바꿀 수 없는 전문용어가 많음. 금융환경이 복잡해지면서 새로운 금융제도 및 상품 관련 외래어·외국어 용어 등이 점점 많아지고 있음
- 많은 사람이 뜻을 잘 알지 못한다고 판단하거나 원문을 정확히 밝힐 필요가 있을 때는 우리말 뒤 괄호 안에 영어 또는 한자 등을 써서 뜻을 명확히 함
- 같은 업무를 공유하는 사람들이 누구나 알 수 있으면, 일반인이 이해하기 어려운 전문용어라도 쉬운 표현으로 바꾸거나 풀어서 사용할 필요 없음. 다만 보도 및 홍보자료 등은 일반인을 대상으로 작성되므로 내용을 풀어 쓰거나 각주로 설명할 필요 있음
- 요약하면, 회사 내에서 공통으로 사용하는 표현을 존중하되, 되도록 알기 쉽고 간단한 표현을 선택함. 결국 주어진 상황에 따라 용어를 선택하고 표현을 다르게 해야 함. 보고서 작성 시 용어 순화에 대한 일반 기준은 없음

[한자어 순화]

순화가 필요한 표현	순화한 표현
내역	내용
기 통보한	이미 통보한
사료됨	생각됨
동 시스템을	이 시스템을
동 사업의 일환으로	이러한 사업의 하나로
본 자료가	이 자료가
상기의	위의 위에서 설명한
상이함	서로 다름
소관 업무	맡은 업무
소명하고	밝히고
소정양식	정해진 서식 정해진 형식
수납한 후	받은 다음
필한 후	마친 뒤
수령함	받음
적의 조치를 취한 후	필요한 조치를 취한 뒤 적절한 조치를 취한 뒤
단일 가격으로	하나의 가격으로
감소를 나타내었으나	줄었으나
수요가 부진함	수요가 적음

순화가 필요한 표현	순화한 표현
지체 없이	곧 바로
필히	반드시
업체	기업
관할 부서	담당 부서
타 기업	다른 기업
유관기관	관계기관
차분기	다음 분기
익일	다음날 이튿날
금번	이번
제반 업무	모든 업무
제고함	높임
내역서	명세서
광의의 의미에서는	넓은 의미에서는
일종의	하나의
이원화 되었다	둘로 나누어졌다
비균질적인 금융상품	조건이 다른 금융상품

※ 국립국어원에서 만든 《한눈에 알아보는 공공언어 바로쓰기》 등을 참고하였음

[외래어 순화]

순화가 필요한 표현	순화한 표현
패러다임	틀 체계
가이드라인	지침 방침
글로벌 스탠다드	국제표준
허브	중심 중심축
프랫폼	운영체계
파트너쉽	동반관계
리스크	위험
일드커브(yield curve)	수익률곡선
IRS	이자율스왑(IRS)
CRS	통화스왑(CRS)
ABS	자산담보부증권(ABS)
RP거래	환매조건부증권거래(RP)
만기별 금리 스프레드	만기별 금리 차이
SPC(Special Purpose Company)	특수목적회사(SPC)
펀더멘탈(fundamentals)	기초여건
인프라	하부구조(infrastructure)
발행 메커니즘	발행 구조

※ 우리말로도 비교적 많이 사용되고 있다면 가급적 우리말을 사용함. 필요할 때는 괄호 안에 영어 또는 한자를 같이 써줌. 다만 많이 사용되는 정도에 대한 판난은 보고서 작성 성칭에 따라 다를 수밖에 없음

[바꾸지 않아도 좋은 외국어]

영어	우리말
CEO	최고경영자
EU	유럽연합
FTA	자유무역협정
M&A	인수합병
MOU	업무협정 양해각서
NGO	비정부조직 시민단체
T/F	전담팀 특별팀
IMF	국제통화기금
BIS	국제결제은행
CD	양도성예금증서
CP	기업어음
CB	전환사채
ETF	상장지수펀드(Exchanged Traded Fund)
FRN	변동금리부채권(Floating Rate Note)
MBS	주택저당증권(Mortgage Backed Securities)
BOK-Wire	한은금융망

※ 우리말로 바꿀 수 있으나 영어 약자 등이 더 많이 쓰이거나 비슷한 정도로 사용될 때는 영어를 그대로 사용해도 됨. 다만 많이 사용되는 정도에 대한 판단은 보고서 작성 상황에 따라 다를 수밖에 없음

[우리말이 마련되지 않아 영어 발음으로 표현되는 용어]

우리말	영어
헤지	Hedge
콜시장	Call Market
옵션거래	option거래
스왑	Swap
듀레이션	Duration
페더럴펀드시장	Federal Funds market
ABCP	Asset Backed Commercial Paper
프리보드	Free Board
MMF	Money Market Fund
유동성 프리미엄	liquidity premium
PF	Project Financing
스트레스 테스트	stress test

※ 우리말로 번역되지 않았거나 우리말로 정착되지 않았다면 알파벳을 그대로 사용하거나 외국어 발음대로 표기함

금융인을 위한
보고서 쓰기

초판 1쇄 인쇄 | 2017년 9월 13일
초판 1쇄 발행 | 2017년 9월 20일

지은이 임경
책임편집 조성우
편집 손성실
마케팅 이동준
디자인 권월화
용지 월드페이퍼
제작 성광인쇄(주)
펴낸곳 생각비행
등록일 2010년 3월 29일 | 등록번호 제2010-000092호
주소 서울시 마포구 월드컵북로 132, 402호
전화 02) 3141-0485
팩스 02) 3141-0486
이메일 ideas0419@hanmail.net
블로그 www.ideas0419.com

ⓒ 생각비행, 2017, Printed in Korea.
ISBN 979-11-87708-57-5 13320

책값은 뒤표지에 있습니다.
잘못된 책은 바꾸어드립니다.